마을에 살다

마음을 잇다

마을호텔

건립분투기

정석 + UOS 마을호텔탐험대 지음

마을호텔

마을호텔 탐험의 길을 시작하다

정석 서울시립대학교 도시공학과 교수

대학원생들과 함께 시작한 마을호텔 탐험

선생으로서 학생들에게 강력하게 추천하는 것 가운데 하나가 '책 쓰기'다. 누구나 책을 써 출간하면 '저자' 또는 '작가'가 된다. 저자나 작가가 되면 강연과 기고 요청이 오기 시작한다. '저자'가 되기 전 그의 직업이나 지위가 무엇이든 상관없다. 책을 내는 일, '출간'은 묻혀있던 나를 세상에 드러나게 하는 '변신'이고 '데뷔'다. 나를 '업그레이드' 하고 싶다면 시도해보라. 주저하지 말고.

농협에 막 입사해 땅끝마을 지점의 창구 근무를 하던 한 신입사원은 매일매일 본인이 체험했던 이른바 '진상' 고객들의 행태와 이에 대한 슬기로운 대처 방안을 엮어 책으로 낸 뒤 인생이 달라졌다고 한다. 신입사원 교육에 인기 강사로 불려 다녔고, 몇 해 지나지 않아 서울 본사로 근무지를 옮기게 되었다고 한다. 10년 전, 나도 마음속 생각뿐이었지 출간 준비를 본격화하지 못하고 멈칫거리던 때 우연히 '책 쓰기 학교'에 참가했다가 들은 가슴 설렜던 이야기다.

2020년도 2학기 대학원 수업에 함께 했던 수강생들과 이렇게 책을 출간하게 되어 무척 기쁘고 행복하다. 학생에서 저자로 신분 전환을 이룬 열한 명 공동저자들께 뜨거운 축하 인사를 드린다. 수업에 참여해 열심히 공부한 뒤 과제를 제출하고 성적을 받는 것에서 그치지 않고 이렇게 정식 출간에까지 이르게 되었으니 고생한 보람도 만끽하고 저자로서 새로운 삶을 힘차게 살아가길 바란다.

대학원 수업 결과물을 책으로 엮은 지는 꽤 오래되었다. 2014년 봄 서울시립대학교로 옮겨온 뒤 이듬해부터 매 학기 대학원 수업의 결과물을 수강생들과 함께 꼬박꼬박 책으로 묶어 제본해 필요한 분들에게 공유해드렸다. 『ABC로 읽는 우리 도시 서울 - 사람, 책, 도시 읽기』(2015), 『17+17 도시를 묻고 도시를 답하다』(2016), 『도시혁신을 바라보는 다섯 가지 시선』(2016), 『네 가지 키워드로 읽는 도시혁신』(2016), 『마을 만들기, 그 후』(2017), 『지방살림』(2018), 『지방회춘은 □ 다』(2018), 『지방회춘 - 일본 편』(2018)까지 여덟 권의 책이 그렇게 태어났다.

2019년과 2020년 2년 동안은 서울시립대학교 교무처장 보직을 맡아 수업을 거의 못했다. 보직이 끝나가던 2020년 2학기에 유일하게 개설했던 수업이 대학원 〈주민참여 도시설계〉였는데, 이번에는 꼭 정식 출간을 하자고 수강생들과 함께 마음 다지며 '마을호텔 탐험'을 시작했다. 서울시립대 도시과학대학원을 졸업한 제자이고 출판사를 운영하는 픽셀하우스 김혁준 편집장이 함께 해주어 마침내 목표했던 출간에 이를 수 있었고, 『마을에 살다 마음을 잇다』(2022)를 세상에 내보낼 수 있게 되었다.

정식 출간을 목표로 하는 '빡센' 수업을 겁 없이 신청한 열한 명의 수강생들로 'UOS 마을호텔탐험대'는 구성되었고, 대원들은 다시 1~2인으로 팀을 구성해 공주, 하동, 정선, 전주, 서촌(서울), 군산까지 여섯 개 국내 마을호텔 사례를 찾아 한 학기 내내 탐험하였다. 각 팀의 탐험 성과들은 수업시간 세미나와 수업카페에서 실시간으로 공유되었고 김진용 대표(정선), 고은설 대표(전주), 권오상 대표(공주), 조문환 대표(하동), 이상묵 대표(서촌) 등 사례지역의 핵심 인사를 초대한 특강도 5회 열렸다. 11월에는 담당 교수와 수강생들이 사례지역 중 하나인 공주에 1박 2일 답사도 다녀왔다.

학기가 끝나고 수업이 종료된 뒤에도 'UOS 마을호텔탐험대'의 탐험 활동은 계속되었다. 정식 출간을 위해 2021년 봄에 한국출판문화산업진흥원의 '2021년 출판콘텐츠 창작지원사업'에 응모하였고, 계절이 여름으로 바뀔 무렵에 선정되었다는 기쁜 소식을 들었다. 이후 출간을 위한 원고 보완과 교정 등 준비를 마쳐 2022년 1월 출간에 이르렀다.

왜 지금 마을호텔인가?

왜 우리는 '마을호텔'을 탐험했는가? 마을호텔이 어쩌면 '재생의 해법이고 묘약'이 될 수 있다는 가능성을 보았기 때문이다. 사람이 빠져나가 텅 빈 지방 중소도시 원도심과 농산어촌 시골 마을을 어떻게 다시 사람들로 북적대는 활기찬 삶터로 되살릴 수 있을까? 정부나 지방자치단체의 지원에만 의존하지 않고 주민들의 자력으로 비즈니스모델을 만들고 지속 가능하게 할 수 있을까? 아직은 몇몇 안 되는 드물고 이례적인 사례일지 모르지만 마을호텔 사례들에서 희망을 보았기 때문이다.

마을호텔에는 묘한 매력이 있다. 새로 건물을 짓지 않고 있는 건물들 특히 비어 있는 공간을 고치고 채워 서로 연결하면서 마을 전체를 하나의 호텔로 바꾸어 간다. 오랜 시간 마을에 존재했던 건물과 장소들에 새로운 역할을 부여하고 연결을 통해 새로운 생명으로 되살려낸다. 장소와 장소가 연결되고, 마을과 방문객이 연결되며, 모래알처럼 따로 따로 존재하던 주민들이 연결되어 공동체로 거듭난다.

소멸 위기의 원도심과 활력을 잃어가는 오래된 동네로 사람을 초대하고 일자리를 만들며, 사람들이 머물고 오가는 곳마다 활기를 불어넣는 마을호텔은 도시재생의 묘약이다. 수직으로 쌓아 올린 호텔에서 거둔 이익은 호텔기업체 본사가 쏙 뽑아가겠지만, 수평으로 펼쳐놓은 마을호텔의 수익은 마을 구석구석으로 스며들어 마을을 살리고 사람들 삶을 개선해줄 것이다. 그렇다면 마을호텔은 지금 우리에게 꼭 필요한 재생의 명약이 아니고 무엇이겠는가?

"연결에 답이 있다." 오랜 개발시대를 지나와 바야흐로 재생시대를 살아가면서 내가 늘 마음에 두고 주문 외우듯 되새기는 말이다. 내 명함의 이름과 연락처 위에 '소다연강미(小多連强美)' 다섯 한자를 새겨둔

지도 꽤 오래다. '작아도 많고 이어지면 강하고 아름답다'고 믿는 나의 신앙고백이다. 큰 것들만 살아남는 약육강식 시장경제 틈바구니에서 작은 것들이 아름답기는커녕 살아남을 수나 있을까? 의구심이 솟겠지만 다행히도 희망은 있다. 작은 것들을 연결해 강하고 아름답게 되살릴 수 있다는 가능성을 곳곳에 등장하는 '마을호텔'에서 보기 때문이다.

하나의 건물 안에 필요한 모든 시설이 집적된 '수직적 호텔'과 달리, 호텔에 필요한 기능들이 마을 안의 여러 건물과 장소에 흩어져 연결된 이른바 '수평적 호텔', '흩어진 호텔'을 '마을호텔'이라 부른다. 이들을 통칭하여 마을호텔이라 부르지만, 누가 주도하는가에 따라 '커뮤니티 호텔'과 '마을호텔'을 엄격히 구분하기도 한다. 주민들이 주도하는 방식이 '마을호텔'이라면, 주민이 아닌 민간 기업이나 외부 주체들이 주도하는 방식은 '커뮤니티 호텔'로 부른다. 이 책에서 소개하고 있는 여섯 개 사례들 가운데 '서촌유희'와 군산의 '후즈' 사례가 커뮤니티 호텔에 해당할 것이다.

호텔에 없는 게 마을호텔에는 있다. 호텔에서 맛볼 수 없는 것을 마을호텔에서 만끽할 수 있다. 멋지게 고쳐진 오래된 집에서 달게 자고 일어나, 천천히 걸어 골목길 안 숨은 맛집에서 아침을 먹는다. 사진관 앞을 거닐다 찻집에 들러 강의도 듣고, 공방에 가서 손수 무언가를 만든 뒤 동네목욕탕에서 피로를 풀며 추억에 잠긴다. 마을의 역사를 절로 알게 될 것이고, 이사 오고 싶은 마음까지 덤으로 받게 될지 모른다. 하나하나는 비록 작을지라도 연결로 힘을 키워 아름답게 되살아난 마을 호텔을 보며 다시 주문을 외운다. "소다연강미! 연결에 답이 있다."

여섯 개의 마을호텔을 소개합니다.

이 책에는 공주, 하동, 정선, 전주, 서촌(서울), 군산 등 우리나라 여섯 곳 마을호텔이 소개된다. 국내 마을호텔 사례는 이밖에도 많고, 이들 여섯이 대표적 사례라고 단정할 수도 없다. 열한 명 탐험대원들이 여러 사례들을 두루 살펴보고 흥미롭게 생각해 고르고 탐험한 사례라는 점에서 나름의 의미가 있을 것이다.

공주의 '마을스테이 제민천' 사례는 과거 충청남도 도청소재지와 대표적 교육도시, 역사 도시의 명성을 지닌 공주의 원도심 지역에서 한창 성장하고 있는 마을호텔의 현재진행형 이야기를 흥미롭게 들려준다. 2018년 7월 문을 연 한옥 게스트하우스 '봉황재'를 시작으로 무인책방 '가가책방'과 지역 작가 굿즈샵 '가가상점', 함께 공부하는 '와플학당'과 공유사무실 '업스테어스', 그리고 원도심을 가로질러 흐르는 제민천 주변 지역의 여러 식당과 카페와 문화공간들이 퍼즐 조각들처럼 만나 멋진 작품을 만들어가듯 성장하고 있다.

마을스테이 제민천을 이끌어가는 권오상, 서동민, 이병성 세 주역의 인연이 나는 무척 흥미롭다. 교육을 주제로 함께 만나 공부했던 책

모임에서 시작된 인연이 마치 소설처럼 새로운 이야기들로 전개되어가고 있다.

하동의 주민들이 만든 공정여행협동조합 '놀루와'가 기획하고 준비하고 있는 마을호텔은 아직 실체가 다 드러나지는 않았지만 우리나라 마을호텔의 미래를 가늠하게 하는 아주 중요한 시금석이 될 것으로 생각한다. 고령화와 지방소멸 위기, 귀농인과 현지인의 갈등, 관주도 정책의 한계와 주민공동체 의식 약화 등 암울하기만 한 농촌문제를 해결하는 해법으로 '마을호텔'의 가능성을 발견하고 행동으로 옮긴 조문환 대표의 안목과 추진력이 놀랍다.

공무원에서 협동조합 대표로 변신한 조문환 대표와 저마다의 단단한 비즈니스를 가진 조합원들, 놀루와를 이끌어가는 탄탄한 실무팀들은 2018년 8월 주민공정여행협동조합 놀루와를 만들어 지난 3년 반 놀라운 일들을 벌였다. 하동의 콘텐츠를 다양하게 체험하게 하는 맞춤형 여행 프로그램을 비롯해 차마실과 달마중 행사 등으로 2021년 문화체육관광부의 '관광의 별'을 수상하였다. 2019년 9월 아내와 함께 참가했던 섬진강 달마중 행사를 계기로 2021년 하동 한달살이를 하게 되었으니 누구보다 내가 놀루와에 매료된 팬이기도 하다. 놀루와와 매계마을 주민들이 함께 준비하고 있는 '마을호텔 매계'가 문을 여는 날을 학수고대 하고 있다.

정선의 '마을호텔18번가'는 우리나라 최초의 마을호텔로, 폐광지역 도시재생의 미래로, 18번가의 기적으로 불리는 게 조금도 과장이 아닌 '마을호텔의 모델'로 불릴 만한 곳이다. 하늘기획 김진용 대표, 유영자 이장, 들꽃사진관 이혜진 대표 등 마을 주민들이 주도해서 마을호텔을 만들어왔고, 지근배 고한읍장과 영화제작소 눈의 강경환 대표, 세눈컴퍼니 김용일 대표, 캘리그래퍼 강병인 선생 등 마을 안팎 전문가들의 열정적인 협력과 도움도 감동이다.

마을호텔18번가 사례에서 나는 속도와 전개과정에 주목한다. 골목길의 빈집이 한 채 한 채 고쳐지고 쓰레기들이 더는 쌓이지 않게 되었을 때 주민들의 마음에 어떤 씨앗이 움텄을까를 생각해본다. 골목길 아카데미를 열어 주민들이 함께 공부할 때 작은 싹은 얼마만큼 더 자랐을지 가늠해본다. 주민들이 오래오래 살고 싶은 마을이면서 누구나 찾아오고 싶은 매력적인 마을을 어떻게 만들 수 있을까 고민을 하다가 '마을호텔'이 답이라며 누군가 아이디어를 내고, 아이디어를 마침내 비즈니스 모델로 천천히 따박따박 실천에 옮겨온 고한 사람들의 힘에 놀란다.

전주 '별의별 하우스' 사례는 이웃 주민들과의 협력과 네트워크도 단단하지만 별의별 연구소 고은설 대표의 1인 분투기에 가깝다. 전라북도 도청이 신시가지로 옮겨가고 도청 자리에 전라감영을 복원하기 위해 도청사를 철거하겠다는 결정이 내려졌을 때 이에 반대하며 도청사 지키기 운동을 힘겹게 벌이던 무렵 처음 그를 만났고, 2021년 가을에는 이 책에서 소개하고 있는 별의별 하우스의 한 곳 '인봉집'에서 한달살이를 하면서 가깝게 지켜봤다.

전주의 원도심 중노송동 지역에 가족과 함께 이사와 '하하하집', '사철나무집', '철봉집', '인봉집', '희희당', '봉봉한가'에 이르기까지 비어 있던 공간들을 하나하나 채우고 사람들의 온기와 발길이 이어지는 마을로 되살리고 있는 고은설 대표의 꿈이 단단하고 촘촘한 그물처럼 엮이고 꽃피워 원도심 재생의 새로운 모델로 우뚝 설 수 있길 기대한다.

서울 '서촌유희' 사례는 주민이 주도하는 마을호텔이 아닌 민간 기업 주도의 커뮤니티 호텔에 해당한다. 같은 대학 동아리 출신 이상묵, 노경록, 박중현 대표 셋이 회사를 창업해 기존의 호텔, 모텔, 펜션과는 차원이 다른 '머무는 것이 여행의 목적'이 되는 혁신적 숙박모델 〈스테이〉를 개척하고 이를 〈스테이폴리오〉로 진화시켜 서울의 대표적 핫플레이스 서촌에서 구현해냈다는 점에 주목한다.

서촌의 여덟 개 골목은 수평 엘리베이터가 되고, 이 엘리베이터는 서촌유희의 13개 스테이와 매력적인 가게들을 촘촘히 연결해준다. '한 권의 서점'은 서점이면서 컨시어지 역할을 담당하고, '서촌도감'은 기념품 가게 몫을 담당하며, '에디션 덴마크'는 호텔 카페로서 손님을 맞는다. 서촌과 같은 대도시의 마을도 연결을 통해 마을호텔, 아니 커뮤니티 호텔이 될 수 있음을 흥미롭게 보여준다.

군산의 '후즈'도 '서촌유희'처럼 커뮤니티 호텔에 가까운 사례다. 2014년 도시재생 선도사업 대상지로 선정된 군산 원도심 영화동 일대에서 전개되어온 도시재생의 흐름을 '마을호텔' 또는 '커뮤니티 호텔'의 관점에서 새롭게 들여다보는 것도 흥미롭다. '액티브로컬'에서 '로컬라이즈 군산'으로, 그리고 '후즈데어'와 '후즈넥스트' 같은 커뮤니티 호텔 '후즈'로 진화해온 지역재생의 흐름이 군산의 영화동을 어떻게 큐레이팅하고 살려낼지 궁금하다.

일백탈수의 꿈

2019년 출간했던 『천천히 재생』 5장에서 나는 대한민국을 '행복하지 않은 선진국'으로, 그리고 '많이 아픈 나라'라고 불렀다. 국민들에게 고통을 주는 집값 문제, 어쩌면 미친 것만 같은 교육문제, 양극화와 갈수록 심해지는 격차문제, 청년들이 연애도 결혼도 아이 낳는 것도 원치 않아 지구 상에서 인구 제로에 가장 먼저 도달해 가장 먼저 사라지는 나라가 될 것이라는 예측이 나올 만큼 심각해진 저출산 문제 등등 우리가 앓고 있는 수많은 문제들의 근본 원인을 나는 '수도권 과반인구'로 진단한다.

국토면적의 11.8%에 불과한 수도권에 1970년대에는 전체 국민의 3분의 1 정도가 살았는데, 2019년을 기점으로 지금 수도권에는 반수 이상의 국민이 살고 있다. 전체 인구는 감소하고 있는데도 수도권 인구는 점점 늘어 온갖 도시문제가 심화되고 있고, 반면에 비수도권 지역은 인구를 빼앗겨 지방소멸 얘기가 눈앞의 현실로 다가왔다.

어떻게 이 문제를 풀어야 할까? 답은 하나뿐이다. 수도권에서 비수도권으로 인구가 옮겨가는 것 말고는 답이 없다. '1년에 백만 명씩 탈수도권'하는 '일백탈수'를 나는 꿈꾼다. 앞으로 10년 동안 수도권 인구는 1천만 명 줄고, 비수도권 인구는 1천만 명 는다면 대한민국의 많은 문제들이 풀리고 국민의 삶도 훨씬 더 편안해질 것이다. 일흔 여든 넘은 어르신들만 사는 시골 마을에도 사람들이 들어와 마을이 존속될 것이고, 사람들이 떠나가 텅 빈 원도심 지역도 다시 활력을 되찾게 될 것이다.

그러나 인구의 이동은 쉽지 않다. 국가가 적극적으로 인구 이동을 장려하고 세심하게 지원해야 한다. 사람을 필요로 하는 비수도권 지역, 특히 대도시가 아닌 중소도시, 신도시에 사람을 빼앗긴 원도심 지역, 도시지역이 아닌 농산어촌 시골 지역은 사람을 초대하기 위한 모든 노력을 다해야 할 것이다.

2021년 연구년을 맞아 하동, 목포, 전주, 강릉에서 지역 한달살이를 하면서 로컬에서 더 행복하게 일하며 사는 많은 사람들을 만났다. 실패해서, 경쟁에서 밀려서 지역으로 오는 게 아니라 더 행복하게 살기 위해 지역으로 온 이들이 아주 많다.

탈수도권 인구 이동은 이미 시작되었다. 특히 지혜로운 청년들의 탈수도권 및 지역창업으로 로컬 크리에이터들이 전국에서 아주 눈부신

활동들을 하고 있다. 지역의 작은 회사에 취업해 더 행복하게 일하는 청년들도 많이 만났고, 유튜브로 소개했다.

청년들의 탈수도권에 더해 베이비붐 세대들의 탈수도권도 기대하고 있다. 이미 은퇴했거나 정년을 몇 년 앞둔 베이비붐 세대들의 상당수는 서울이나 수도권이 아닌 지역 출신들이다. 평생 열심히 공부하고 일하느라 고생했던 베이비붐 세대들이 앞으로 남은 더 소중한 20년 30년을 로컬에서 더 행복하게 일하며 살아보자고 제안한다. 한 번에 옮겨오기는 쉽지 않으니 내가 했던 것처럼 지역 한달살이를 먼저 시작해보라고 권한다. 한달살이 여건이 아직 여의치 않다면 '일주일살이'도 좋다. 고향이든 또는 어디든 맘에 드는 곳에 가서 일주일 또는 한 달을 지내본다면 로컬의 희망과 새로운 가치를 발견하게 될 것이다.

학부모들의 탈수도권도 기대한다. 초중고 자녀들을 서울, 수도권, 대도시가 아닌 로컬에서 더 잘 키울 수 있다는 희망과 믿음이 확산된다면 학부모와 자녀들의 탈수도권도 더 많아질 것이다.

마을호텔은 '일백탈수'를 받아주는 그릇과 토양이 되어줄 것이다. 지방 도시 원도심과 농산어촌 시골 마을에 빈집이 아주 많은데도, 정작 그곳에 내려와 일하며 살려는 사람들이 살 집을 찾기는 쉽지 않다. 사람들이 떠나 빈집과 빈 가게, 빈 사무실이 많은 원도심 지역에 마을호텔이 들어선다면, 집도 논밭도 점점 비어만 가는 시골 마을에 마을호텔이 늘어간다면 이사와 살 사람은 물론이고 한달살이 또는 일년살이를 꿈꾸는 사람에게도 아주 소중한 집이 되어줄 것이다.

마을호텔이 좀 더 많아질 수 있도록 국가와 지자체가 '마을호텔 지원사업'을 시작해줄 것을 제안하며 글을 마치고자 한다. 지방 중소도시 원도심 지역 또는 농산어촌 시골 마을 가운데 마을호텔을 만들려는 주민들의 의지와 열정을 고려해 대상지를 선정한 뒤 주민 소유의 오래된 건물과 시설들을 무상으로 고쳐주고, 고쳐진 공간의 절반 정도는 마을호텔에 필요한 시설로 활용할 수 있도록 30년 정도 마을에서 사용하면 어떨까?

비어 있거나 방치된 건물과 시설을 정부가 고쳐주고, 오래되고 낡아 사는데 불편한 집들도 무상으로 고쳐준다면 현지에 사는 주민들에게는 물론이고 부재 지주에게도 좋은 일이 될 것이다. 소유는 그대로인 채 30년 정도 마을에서 쓸 수 있게 내어준 건물과 시설을 활용해 마을호텔을 만들어 운영한다면 마을에 일자리도 생기고 수익도 낼 수 있으니 마을에도 좋은 일이 될 것이다. 마을호텔이 전국 곳곳에 만들어진다면 여행객들의 숙박공간이 늘어 지역여행 활성화에도 기여할 것이고, 로컬에서 더 행복하게 일하며 살고자 하는 사람들이 와서 머물고 살 수 있는 주거공간과 일터가 더 많아질 것이니 일백탈수에도 큰 도움이 될 것이다. 마을호텔이 부디 삶터와 삶을 되살리는 묘약이 되어주길 간절히 바란다.

탐험 순서

마을에 머무르며
일상을 경험하다

공주
마을스테이 체험기

UOS 마을호텔탐험대 김애림 · 김지영

누구도 예상하지 못했던 전염병 시대가 지속되면서
작은 도시와 마을 여행에 대한 관심이 높아지고 있다.
마을 전체가 하나의 호텔처럼 이어진 공주의 마을스테이는
방문객이 동네를 경험하며 일상의 쉼을 찾을 수 있도록
지역 주민과 기획자가 함께 소박하지만 특별한
로컬 서비스를 준비하고 있다.

2021 행정안전부 청년마을 만들기 지원사업 선정
2021 공주시, 도시재생 광역협치포럼 대상 수상
2021 공주시, 자치와 혁신 핵심인재 양성교육 최우수상 수상
2021 공주시, 대한민국 도시재생 산업박람회 최우수상 수상
2020 국토교통형 예비사회적기업 지정
2020 한국관광공사 예비관광벤처사업 선정

제민천은 봉황동을 가로지르는 하천으로 마을스테이의 중심이 된다. ©김애림·김지영

공주에서 찾은 여행의 가치

충남 공주시 봉황동은 마을 전체가 호텔이라고 알려진 동네다. 서울에서 가깝지도 멀지도 않은 위치, 조금 알려져 있지만 유명 관광지는 아닌 곳. 서울고속버스터미널에서 2시간 남짓을 달려 도착한 공주종합버스터미널에서 다시 시내버스로 갈아타고 10분 정도 가다 보면 봉황샘물이 흐르는 작은 마을에 도착한다. 큰 건물 하나 없는 아담한 마을이다.

한옥 게스트하우스 '봉황재'를 운영하는 권오상 대표의 소개를 따라 동네 곳곳을 둘러봤다. 제민천을 따라 골목 안쪽으로 이어지는 좁은 길. 가게 앞에 있는 화단과 담벼락 그림에는 마을 사람들의 이야기가 담겨있다. 대문 앞에는 소담한 화분이 가득하다. 누군가의 설명을 들으며 동네를 구경하니 지나가던 마을 주민이 신기한 눈빛으로 바라본다.

여행지에서 만난 작은 발견은 큰 기쁨으로 다가온다. 천천히 동네를 걷다 보니 미닫이문에 자물쇠가 채워진 가게가 보인다. 유리창 안쪽을 들여다보니 주인도, 손님도 아무도 없다. 호기심에 가게 주변을 둘러보았다. 출입문에 '무인 책방 운영' 안내문과 함께 가게 주인의 번호가 적혀있고, 가게 내부는 둘러 앉을 수 있는 둥근 탁자와 책들로 가득하다. 책방을 혼자 오롯이 독차지했다. 오늘 여행에서 발견한 공간이다.

방문하는 사람이 공간의 주인이 되는 겁니다. 또 다음 사람에게 소개해주고, 연결될 수 없는 상황에서도 경험과 공간으로 연결되는 거죠.

_ 서동민 · 가가책방 대표

가가책방 전경. 무인으로 운영되는 책방이다. ©김애림·김지영

이곳은 무인으로 운영되는 '가가책방'이다. 가게 내부는 다녀간 사람들이 책방 곳곳에 남긴 기분과 흔적이 그대로 있다. 불가피한 상황으로 이제는 비대면에 익숙해졌지만 사람들은 끊임없이 연결을 희망한다. 공간과 공간에서 이뤘던 경험을 통해 새로운 연결이 만들어지기도 한다.

봉황재는 동네의 다른 가게를 잇는 중간 지점이 됩니다. 손님들이 공주에서 시간을 보내는 동안 이곳을 경험하길 바라며 기본적인 정보만 전달해요. 저의 포지션은 '먼저 온 여행자'입니다.

_ 권오상 · 봉황재, 퍼즐랩 대표

공주시의 마을호텔 '마을스테이'는 방문객과 공주를 연결하고, 공주 내 커뮤니티를 형성하며 각각의 연결을 만들어 간다. 북클럽에서 시작해 공주 커뮤니티 주체가 된 이들의 흥미로운 여정은 공주의 공간을 공유하며 '느슨한 연결'이라고 설명하는 관계를 바탕으로 공주에 없던 것들을 속속들이 채워간다.

여행의 즐거움은 언제나 '현실을 떠난다'에 기반을 둔다. 화려한 관광지보다 소도시 여행이 뭐 볼 것이 있겠냐마는, 갑갑한 도시 생활에 지친 이들에게 일상을 회복하는 소박한 경험은 동력을 되찾기에 충분할 것이다. 이것이 살아보는 체류 인프라를 갖춘 마을에 주목해야 하는 이유다.

함께 바꾸는 마을

위기의 도시에서 기회의 도시로

숙소 봉황재로 돌아가는 길은 기분 좋은 고요함으로 가득하다. '그동안 시끄러운 도시에 익숙해져 버린 것은 아니었을까'라는 생각이 들었다. 지금의 조용한 분위기와는 달리 공주는 북적이는 도시였다. 과거 명실상부한 세계유산도시이자 백제의 고도였던 공주는 1970~1980년대에 고등학교와 공주대, 공주교대 등 명문 학교가 많아 전국에서 '교육의 도시'로 유명했다. 그즈음에는 충남에서 공부 좀 한다는 학생들이 공주로 유학 오는 경우도 많았다. 고향을 떠나 하숙과 자취를 하며 학창시절을 보내는 학생들이 점점 늘어나자 공주의 동서를 가로지르는 제민천을 중심으로 하숙 마을이 형성되었다. 당시 공주에서는 '(하숙을) 쳐야

산다.'라는 말이 나올 정도로 하숙은 공주의 경제활동에 큰 영향을 미치는 중요한 대목이었다.

하지만 시간이 지나 하숙생이 줄고 하숙 문화가 사라지면서 상권이 죽고 주민들이 이사 가는 일이 잦아졌다. 활기찼던 봉황동도 자연스럽게 하숙 마을의 이름만 남게 되었다. 이후 2012년에 공주시 행정구역 일부가 편입돼 세종시가 출범하였고 인구는 더 줄어들게 되었다. 특히 젊은 인구의 유입이 줄고 주민들도 떠나기 시작하면서 빈집은 늘어나고 고령 인구만 남았다.

이에 공주시는 원도심 활성화를 위해 2014년 역사문화보존사업 차원에서 1960년대 건립한 일본식 가옥을 개조해 문학관으로 꾸며 나태주 시인의 작품을 전시하는 공간으로 만들었다. 옛 교회 건물을 박물관으로 개조해 공주 기독교박물관도 생겼으나 여전히 사람들을 불러 모으기엔 역부족이었다.

지자체의 노력에도 반응이 없자 주민들이 직접 나섰다. 마을 주민과 상생할 방법을 고민하는 젊은 자영업자들이 중심이 되어 마을호텔 프로젝트를 기획했다. 마을에 있는 게스트하우스, 식당, 카페, 사진관 등이 마치 하나의 호텔처럼 관광객에게 다양한 서비스를 제공하는 것이다. 숙소는 호텔 객실이 되고, 식당은 호텔 레스토랑이 되어 함께 운영하는 새로운 테마형 커뮤니티를 조성하게 되었다.

우리 동네는 누가 바꾸나?

여기는 문제를 발견하면 발견한 사람이 해결해야 합니다. 만약 제가 마을의 어떤 문제를 발견하고 해결하지 않은 채 일주일이 지난 뒤 다시 돌아오면, 처음 발견한 상태 그대로일 겁니다. 여기는 대도시와 다르게 지나다니는 사람도 적고 동네에 관심 있는 사람은 더 적기 때문이죠. 제가 바뀌어야 지역이 바뀝니다.

_ 권오상 · 봉황재, 퍼즐랩 대표

늦은 밤 골목길을 걷다가 가로등이 깜빡이며 꺼지는 장면을 목격한다면, 바로 신고할 사람이 몇이나 있을까? '오늘 누가 신고했겠지. 내일 누군가 하겠지'라고 생각하며 남일 마냥 지나칠 것이다. 그리고 다음 날 언제 고장났냐는 듯이 멀쩡한 상태의 가로등을 볼 수 있을 것이다. 그러나 이건 거주인구가 많은 대도시만 공감할 수 있는 이야기이다.

만약 가로등이 아니라, 빈집이 점점 많아져 쓰레기 더미처럼 방치된다면 어떻게 될까? 유동 인구가 많은 대도시는 비교적 빠르게 조치될 것이다. 그러나 지방 도시는 오래 방치될 확률이 높다.

지방 소도시인 공주는 오늘 내가 해결하지 않는다면 오랫동안 동네 사람들이 불편을 감수해야 한다. 능동적인 자세를 취하지 않으면 동네가 흘러가지 않고 멈춰있을지도 모른다는 생각을 가져야 한다.

다른 시각으로 바라보면 도전하는 사람이 적기 때문에 주체적인 시도가 가능하다. 공주는 이들에게 기회와 가능성의 공간이 되었다. 저렴한 초기 자본으로 공간을 가꿀 수도 있으며, 동네를 원하는 방향으로 바꾸기에도 상대적으로 쉽다. 높은 임대료라는 현실에 부딪혀 접어야만 했던 창업의 꿈도 이곳에서는 어렵지 않게 펼칠 수 있다. 지금도 우리는 상상만 하고 있지만, 실제로 공간을 만들고 있는 사람들이 공주를 위기의 도시에서 기회의 공간으로 함께 일궈가고 있다. 조용한

고즈넉한 한옥 게스트하우스 봉황재 ©김애림·김지영

동네에서 사람들이 북적거리는 활기찬 동네로.

공주를 선택한 사람들

원도심의 역사를 담은 한옥 게스트하우스 '봉황재'

공주 마을스테이 제민천은 한옥 게스트하우스 '봉황재'를 중심으로 시작되었다. 2018년 7월, 봉황동에 있는 한옥으로 위치와 이름이 매치되는 게스트하우스가 오픈했다. 골목 어귀에 대문을 열고 들어가면 작은 마당과 고즈넉한 처마까지 1960년대 근대 한옥의 외형이 반갑게 맞이한다. 2인실 3개, 3인실 1개로 큰 규모는 아니지만 소담한 한옥의 정취를 만끽할 수 있다.

권오상 대표는 처가댁을 방문하기 위해 처음 공주에 왔다가 우연히 발견한 한옥에 반해 덜컥 계약했다. 게스트하우스를 운영해야겠다는 계획이 있었기 때문이다. 당시 공주시에서 시행하는 '고도 이미지찾기 사업'[01]을 통해 일부 수리비를 지원받아 한옥을 리모델링했다. 숙소 오픈을 준비하며 거리를 거닐다 마을의 문화적 환경에 감탄해 이를 활용해보기로 계획한 것이 마을호텔의 단초가 되었다.

사실 처음부터 마을호텔을 만들어야겠다고 생각한 것은 아니다. 봉황재를 방문한 관광객에게 식사할 곳을 추천해주는 것이 필수 코스가 되자 이왕이면 역사를 담은 마을의 곳곳을 소개해주겠다는 의도를 담아 도보 투어를 시작했다. 1인당 2만 원으로 공주의 근대건축과 역사, 동네 맛집, 즐길 거리 등 다양한 이야기를 소개해주다가 동네의 가능성을 발견했다. 지역과 상생할 수 있는 방법을 착안한 것이다. 목적지만 향해 걸으면 10분 남짓한 거리지만 설명을 들으며 동네 한 바퀴를 둘러보면 한 시간이 훌쩍 지나간다.

치앙마이나 카오산 로드라고 배낭여행자들이 오래 있는 여행지가 있습니다. 그곳에서는 먼저 온 여행자들이 새로 온 여행자들에게 소소한 꿀팁을 알려주기도 합니다. 밥은 어디서 먹는 게 좋고, 늘 소매치기를 조심해야 하고, 여기는 얼마까지 흥정할 수 있다는 정도의 가벼운 정보입니다. 저도 그런 역할을 하고 있습니다.

_ 권오상 · 봉황재, 퍼즐랩 대표

투어의 가장 큰 매력은 실제 동네의 생생한 이야기를 들을 수 있

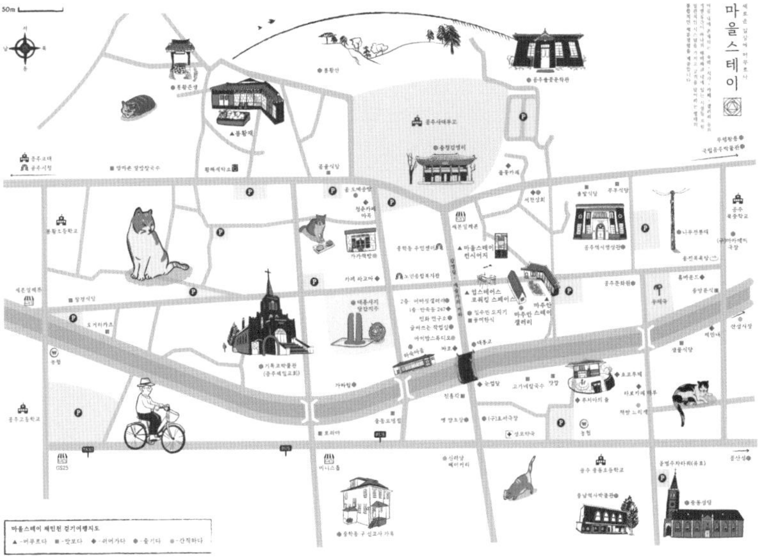

공주 마을스테이 지도. 운이 좋으면 고양이를 만날 수 있다. ⓒ마을스테이

다는 점이다. 여기는 누가 살았고, 여기 화단은 언제가 가장 예쁜지…. 아는 만큼 보인다는 말처럼 숨은 이야기를 듣다 보면 동네 주민이라도 된 마냥 벌써 친숙해진 기분이다. 자신을 공주에 '먼저 온 여행자'라고 소개하는 권 대표는 자신의 시각을 여행자에게 제공해 다양하게 해석하도록 도와주는 역할을 충실히 해내고 있다.

2019년 권오상 대표는 '퍼즐랩(Puzzle Lab)'[02]을 설립했다. 크고 작은 마을의 공간을 퍼즐 조각처럼 이어 맞춘다는 의미에서 '퍼즐랩'이라 이름 붙였다. 마을의 빈집을 발굴하고 리모델링하여 원도심 활성화 프로그램을 기획하면서 도시재생 학습모임, 지방 청년사장 모임, 북클럽 등 다양한 프로젝트를 실험하고 적극적으로 진행 중이다. 공주 마을 호텔을 형성하는 로컬커뮤니티 가운데 봉황재는 빼놓을 수 없는 그야말로 공주 원도심 여행의 거점이자 친절한 관광안내소이다.

공주 원도심 1호 책방 '가가책방'

가가책방을 운영하는 서동민 대표는 출판업계에서 일하다 효율적인 것만을 추구하며 시끄럽고 사람이 많은 서울을 떠나 공주로 오게 되었다. 서천에서 태어나 부천에서 서울로, 지금은 공주가 그의 정착지가 되었다.

서울에서 북클럽 리더모임으로 일면식이 있던 권오상 대표의 봉황재 오픈식에 참석했다가 공주와 인연을 맺었다. 일이 힘들어져 휴가를 위해 몇 차례 공주에 방문하였고 소도시의 매력을 발견하게 되었다. 2018년 당시 공주 원도심에는 책방이 하나도 없었다. 소도시 특성상 대도시와 달리 지역의 문제나 기회를 발견했을 때의 자세가 소극적인 점을 고려하여 발견한 사람이 해결하자는 태도로 사업을 시작했다. 본인만의 책방을 만들고 싶어서 무작정 공주로 온 서 대표는 2019년 6월 공주 원도심 1호 책방인 '가가책방'을 오픈하고 공주 원도심의 이야기가 담긴 문화공간의 책방지기로 활약 중이다.

가가책방의 미닫이문을 드르륵 열고 들어가면 원형 테이블을 둘러싼 책들이 가득하다. 오픈 1년이 지나고 무인 책방으로 형식을 변경해 운영하기 시작했다. 워낙 작은 공간이기도 하고 잠시 자리를 비울 때 찾아온 손님이 헛걸음하는 수고를 덜어주려는 배려다. 덕분에 책방을 방문한 손님은 공간을 오롯이 독차지 할 수 있다. 손님이 직접 문을

가가책방의 엽서. 사람들의 흔적이 쌓여있다. ©김애림·김지영

열고 들어가 책방을 마음껏 이용하고 즐긴 후 공간이 마음에 들었다면 입장료 5,000원을 지불하는 방식이다.

책방 구석구석에는 가지각색의 엽서가 가득하다. 책방을 다녀간 사람들이 남긴 발자취다. 이곳이 단순히 책만 읽고 가는 곳이 아니라 공간을 온전히 느끼면서 추억을 만드는 곳이길 바라는 책방지기의 노력의 결과다. "장담컨대, 이런 책방은 앞으로 우리나라에서 안 나와요." 철거부터 인테리어, 공주 원도심에서 직접 공수한 가구와 소품으로 하나하나 꾸몄다는 서 대표의 자부심 가득한 표현이다. 진정한 DIY 책방이다.

2021년, 서 대표는 공주에 '가가상점'이라는 새로운 공간을 오픈했다. 가가상점은 가가책방처럼 서 대표가 직접 만든 공간 2호이다. 지역 작가들이 직접 만든 굿즈와 작품을 전시하고 판매하는 굿즈샵이자

가가상점. 지역 작가의 굿즈와 마을 지도를 구매할 수 있다. ©가가상점

여행자에게 각종 정보를 제공하는 컨시어지이다. 공주 여행의 시작과 끝을 함께 했을 때 더욱 의미있는 공간이다.

공주의 마을 배움터 '와플학당'

와플학당 이병성 대표는 원래 플랜트 디자이너였다. 우연히 '독사모'라는 페이스북 북클럽에 참여하면서 교육에 관심을 갖게 되었고, 리더 모임에서 권오상 대표를 만났다. 이 대표는 교육에 대한 열정으로 '미래를 만드는 교육읽기' 북클럽과 '부모와 함께하는 미래 교육' 컨퍼런스를 진행한다. 이 대표는 커뮤니티 디자인[03]을 하는 지역도 없고, 모델도 없기에 권 대표를 따라 커뮤니티 디자이너라는 꿈을 위해 공주로 향했다.

2019년 이 대표는 코러닝 스페이스(Co-learning Space)[04] '와플학당'을 설립하였으며, 권 대표와 함께 코워킹 스페이스(Co-working

코워킹 스페이스 '업스테어스'. 다양한 분야에서 독립적인 작업을 하는 사람들이 찾아온다. ©김애림·김지영

Space)[05] '업스테어스'를 책임지고 있다. 이 대표는 공주 원도심의 다양한 연결을 기획하는 커뮤니티 디자이너가 되었다.

이렇듯 다양한 주체가 공주를 선택해 찾아오고 있다. 각자 지향하는 바도, 역할도, 책임지고 있는 공간도 다르다. 그들은 하고 싶은 일이 있으면 가치가 맞는 사람을 모으고, 각자의 위치에서 최선을 다하는 방식으로 공주를 만들고 있다.

함께 채워가는 호텔 '마을스테이'

마을스테이 제민천

2019년 3월, 봉황산 자락 제민천을 중심으로 마을스테이 제민천이 형성되었다. 마을스테이 제민천은 '봉황재'를 기점으로 공주 원도심이 하

ⓒ와플학당

ⓒ퍼즐랩

와플학당과 퍼즐랩에서 진행하는 프로그램. 공주를 기반으로 다양한 활동을 진행한다.

나의 테마파크를 형성하는 브랜딩이다. 마을을 관광지로써 단순히 소비하기보다 주민 생활공간에 머물면서 지역과 교류하고 마을의 일상을 여행하는 총체적인 경험을 일컫는다.

지역의 고유한 정체성을 지닌 건물에서 하루를 지내고, 이름난 맛집보다 주민들이 즐겨 찾는 동네식당과 가게를 찾는 것. 지역의 공간에서 머무르고 경험하고, 이야기하고, 삶이 되는 것. 공주 마을스테이가 담아내고 싶은 모습이다.

마을스테이를 만드는 주요 공간

마을스테이 제민천을 이루는 공간은 별도의 건물을 추가로 짓기보다 마을 내에서 이미 그 기능을 하는 공간에 역할을 부여하는 방식으로 형성되었다. 핵심은 연결이다. 한옥 게스트하우스가 객실, 동네식당이 레스토랑, 마을을 두루두루 안내해주는 책방이 컨시어지가 되어 손님을 맞이한다. 마을이 하나의 호텔이 되는 것이다.

마을스테이 제민천은 '경험하다-머무르다-이야기하다-삶이되다-연결되다'의 다섯 가지 테마로 구성된 다양한 경험을 통해 동네 기반 마을 여행 체험을 제안한다. 마을의 역사를 반영한 숙박을 제공하는 '머무르다'에서는 한옥 숙소와 코워킹 스페이스를 제공한다. 프랜차이즈 매장보다 지역 주민이 운영하는 가게를 이용하는 '맛보다'에서는 제민천의 맛집을 경험할 수 있다. '쉬어가다' 공간에서는 제민천의 색다른 분위기와 메뉴가 있는 루치아의 뜰, 반죽동 247에서 맛 좋은 커피와 차를 즐길 수 있다. 도보투어, 공방체험 등 골목의 걸음 하나하나가 타임머신이 되는 '즐기다' 공간과 마을스테이에서 경험했던 기억과 추억을 남기는 '간직하다' 공간으로 구성되어 있다. 마을에 오랫동안 자리를 지키고 있던 공간들이 각자의 역할을 맡아, 마을의 방문객 저마다의 시선으로 마을을 경험하고, 이야기하고 연결한다.

흩어진 공간을 연결하는 마을스테이 제민천

마을스테이를 이루는 공간의 특징은 연결이다. 별도의 건물을 짓기보다 그 자리에서 오랫동안 자리를 지키고 있던 공간에 역할을 부여한다. 공간을 통해 상인과 방문객이 연결되고, 길을 따라 흩어진 공간과 공간이 연결되어 마을스테이를 이룬다. 권오상 대표는 마을호텔이 성공하기 위해서는 여러 공간을 운영하는 사람들의 연대가 중요하다고 말한다. 어

마을스테이 공간 구성. 5가지 테마로 구성되어 있다. ⓒ마을스테이

느 날 관광객이 무작정 동네의 한 식당을 찾아갔을 때 "봉황재에서 추천해서 왔어요."라고 한다면, 그 한마디에 식당 사장님하고도 친해질 수 있고 하나라도 더 얻어갈 수 있는 네트워크 말이다.

사람과 사람 사이의 연대는 힘을 가진다. 공주에 처음 방문한 사람도 네트워크의 소속감을 느낀다면 만족감과 재방문 의사도 높아질 것이다. 실제로 봉황재는 코로나19로 주춤했던 타 숙박업에 비해 재방문율이 높아 큰 타격이 없었다. 연대와 소속감. 마을스테이 제민천이 다른 관광지와 구별되는 차별점이다.

외지인이 마을 주민과 관계를 맺는 방법

봉황동에 찾아온 관광객이 다른 관광지와 비교해 큰 만족감을 느끼는 또 다른 부분은 지역이 가진 고유한 문화를 체험하고 경험할 수 있다는 것이다. 그렇다면 외지인으로 이루어진 주체가 '어떻게 연고지 없는 공주에 마을 스테이를 형성할 수 있었을까?'라는 질문을 던지게 된다.

권오상 대표도 처음에 텃세가 있을까 봐 걱정을 많이 했다. 주민들도 그저 조용한 동네에 젊은 사람이 찾아와 사업한다고 하니 걱정 어린 시선으로 바라봤다.

제가 외지인이어서 누군지 잘 모르기 때문에, 서로 조심하는 관계여서 오히려 편합니다. 아직도 제가 무슨 일을 하는지 잘 모르시는 주민분들이 많아요.

_ 권오상 · 봉황재, 퍼즐랩 대표

처음에는 모여서 돌아다니기는 하는데 뭘 하는지는 정확히는 모르는 청년, 인사성 좋은 동네 청년으로 다가갔다. 외지인이어서 텃세가 심할 거라는 걱정을 했지만, 오히려 장점이 많았다고 한다. 잘 모르는 사람이니 상대적으로 평가하는 점이 덜하고 서로 조심하는 관계여서 적당한 거리를 두고 서로를 관찰하며 자연스레 스며들었다.

그러다 마을을 방문하는 사람이 점점 늘어나고 가게에 손님이 많아지고, 방송사에서도 취재도 하러 오는 마을의 기분 좋은 변화가 주민들 사이에도 긍정적으로 받아들여졌다. 또 이곳은 오래전부터 하숙촌이 형성된 곳이라 예부터 외부인의 출입에 익숙한 곳이어서 '잘 스며들었다'라는 표현이 어울리는 곳이다.

마을스테이는 주민들과 크고 작은 협업을 함께하고 있다. 권 대표는 봉황재에서 수용이 어려운 단체 손님 문의가 오면, 인근 타 숙소에 예약을 넘겨주기도 하고, 마을 식당에 단체 손님의 예약을 도와주기도 한다. 방문객의 편의와 지역상인과 상생을 위해 중간 매개체 역할을 하고 있는 것이다.

또한 마을스테이는 마을의 새로운 주민과 협업을 위해 늘 준비된 자세를 취하고 있다. 누가 먹여 살려주지 않아도 자신의 입지를 확고하게 지키면서 협업할 때 협업하고, 공존할 수 있는 준비가 된 사람과 함께한다. 마을스테이는 열린 태도로 새로운 주민과 공주 원도심의 연결고리 역할을 하고 있다.

공주 원도심은 외지인과 현지인, 다른 업종 상인들 사이에 커뮤니티가 형성되고 이를 바탕으로 지역에 활력을 찾는다는 점에서 의미가 각별하다. 인구가 줄어들어 고요해진 마을에 찾아오는 사람이 꾸준하게 늘고 있어 지역 주민과 함께 상생할 수 있는 새로운 전기를 맞고 있다.

경계를 허무는 커뮤니티

마을스테이의 구성원은 완전히 소속되어 있지도, 그렇다고 완전히 따로 움직이지도 않는다. 외부 연구자들은 이들을 '느슨한 커뮤니티'[06] 또는 '테마형 커뮤니티'[07]라고 정의한다. 지방에 정착하면 대체로 학연이나 지연으로 사람을 평가한다. 그래서 외부인은 코어(Core)에 진입하기 힘들다. 앞서 소개한 세 명의 대표는 현재 외부인과 내부인의 경계선에서 발을 걸치고 활동하며 그 경계를 허물어 통합되기 위해 노력하고 있다. 혹은 경계 밖 다른 외부인과 협업하여 커뮤니티의 영역을 확장시킨다. 따로 또 같이. 하나의 레고로 여러 가지 창작물을 만들 수 있는 것처럼 그들은 상황에 따라 뭉치거나 흩어지며 마을스테이 커뮤니티를 만들어가고 있다.

경계를 허무는 분위기를 만들기 위해 그들은 지역에서 함께 일하는 방법에 대해 고민하고 있다. 청년과 외지인이 어울려 일하는 분위기를 만들고, 이름, 나이, 직업과 같은 선입견이 생기는 정보를 묻지 않는 자유로운 커뮤니티를 위해 노력하고 있다. 누구나 공주에 와서 각자가 원하는 실험을 할 수 있는 토대를 만들고 있다.

이들이 테마형 커뮤니티라 해서 아무나 핵심 구성원이 될 수 있는 건 아니다. 마을스테이의 중심 구성원이 되기 위해서는 핵심공간을 운영하는 사람들 간에 공감대가 형성되어있어야 한다. 함께 수익을 배분해야 하므로, 마을스테이의 체계에 대한 깊은 이해도가 있어야 한다. 스스로 동기부여가 가능하며 마을의 완성도를 위해 모인 사람들이기에 함께 할 수 있었다. 그들은 각자를 존중하고 '공주의 공간'만 공유하고 있다.

법적 형태는 형태일 뿐. 서로 나누는 대화가 중요합니다.

_ 이병성 · 와플학당 대표

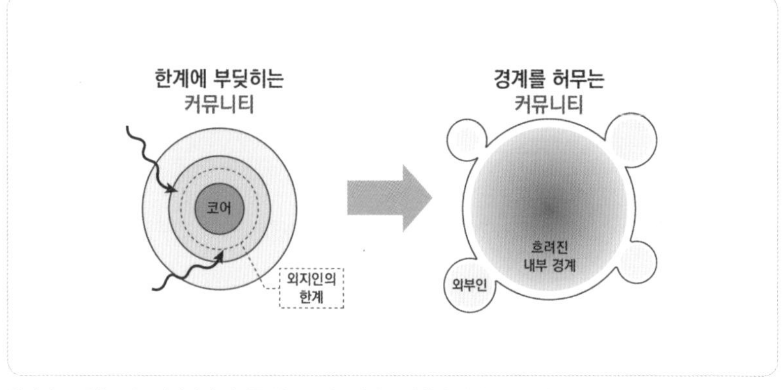

한계에 부딪히는 커뮤니티에서 경계를 허무는 커뮤니티로 변화 ⓒ김애림·김지영

이들은 협동조합이나 기업으로 엮이고 싶어 하지 않는다. 자주 만나는 방법으로 소통한다. 협동조합을 하지 않는 이유는 각자 사업의 목표가 다르기 때문이다. 목표가 다른 사람들이 뭉치면 반드시 불화가 생기고, 의견충돌이 생길 수밖에 없으므로 협동조합이 주가 될 수 없었다.

그들은 북클럽으로 만나게 되었고 지금 공주에서도 북클럽으로 함께 하고 있다. 북클럽의 중심인 가가책방은 공주의 작은 앵커스토어 역할을 하고 있다. 경기도 외곽에서 홍대까지 책방으로 구경하러 가듯, 주변 작은 도시에서 공주까지 가가책방을 방문하기 위해 많이 찾아온다. 가가책방이 생긴 이후 공주에는 '느리게책방'과 '블루프린트'라는 책방이 생겼고, 새로운 책방이 또 생길 예정이다. 신기하게도 책방지기의 선호하는 책이 달라서, 책방끼리 겹치는 책은 없다. 책방이 갑자기 많아지니, 주민들 사이에서는 책방 만들면 나라에서 지원금을 주는 거

아니냐는 소문이 돌 정도다.

공주의 여러 책방을 방문하는 사람들은 베스트셀러를 바라지 않는다. 각 책방에서만 만날 수 있는 특색있는 책과 분위기를 기대한다. 이병성 대표는 공주가 북클럽 마을 또는 책방 마을이 될 수 있다고 말한다. 책방이 많아지고 책방을 중심으로, 각기 다른 주제의 새로운 북클럽이 셀 수 없이 생기고 있다. 책방이 공주의 새로운 테마가 될 수 있을 것으로 기대한다.

공주 원도심에 찾아온 변화

수평적 호텔과 수직적 호텔의 차이점

마을스테이 제민천은 게스트하우스, 동네식당, 카페, 사진관 등이 서로 유기적으로 연결되어 마을 전체가 하나의 호텔을 이루게 된다. 수평적 호텔이라고도 불리우는 마을호텔은 우리가 기존에 알고 있는 대규모의 수직적 호텔과 수익구조에 차이점을 갖는다.

수직적 호텔은 대규모 단일 건물 안에 객실, 식당, 라운지 등이 모여있다. 때문에 호텔 전체의 이익을 건물을 소유하고 있는 개인(혹은 소수)이 가져가게 된다. 수평적 호텔인 마을호텔은 숙박과 서비스 시설이 마을에 점의 형태로 흩어져 기능을 나누어 맡는다. 객실은 게스트하우스가, 레스토랑은 동네 맛집이, 라운지는 동네 카페가 되어 손님을 맞이한다. 관광객이 와서 소비하는 금액을 지역 상인인 다수가 나눠 가지게 되는 것이다. 마을 전체가 관광객에게 제공하는 여러 서비스 중 자신의 역할을 수행하며 서로 유기적인 관계를 갖게 된다. 공주 내 지역 경제활성화에 기여하는 선순환 구조다. 공주 제민천 골목에 위치한 두부요리전문점 사장님은, '이제 우리 식당은 나 혼자만의 가게가 아닌 마을이 관광객에게 제공하는 서비스 가운데 두부요리를 담당하는 가게'라고 소개했다.

기존 호텔이 가지고 있던 숙소, 식당, 카페 등이 공간별 기능을 마을 내 흩어진 공간으로 나누고 연결해 상호보완적 관계를 갖게 됐다. 작은 것이 연결되어 마을 전체가 호텔을 이루는 셈이다. 공주를 방문하는 관광객은 프렌차이즈의 획일화된 모습이 아닌 마을의 역사와 문화를 경험할 수 있게 되었다.

체류는 곧 소비, 마을에 활력을

코로나19 이후 인파가 몰리는 관광지보다 한적한 농촌이나 자연 속으로 떠나는 체류형 여행 수요가 증가하고 있다. 집에만 있는 것보다 사람 간 거리가 유지되는 한적한 지방 도시에서 동네를 경험하려는 새로운 여행 시장이 생긴 것이다.

관광은 소비의 연쇄작용을 가능케 한다. 4인 가족 기준 월 80팀이 봉황재에 방문했다고 가정할 때(최대 인원 12인, 예약율 90%로 계산), 봉황재에서 사용하는 숙박비를 제외하고 식비, 카페, 투어비 등을 계산해 보았을 때 월 약 1천 4백만 원의 지역 내 소비를 유발하게 된다. 숙박으로 유입된 관광객이 마을에서 먹고, 쉬고, 즐기며 했던 소비는 고스란히 지역 주민이 함께 가져가게 되는 것이다.

마을호텔은 호텔을 경영하는 기업이 대부분의 이익을 얻는 기존 호텔과 달리 관광객이 쓴 돈이 마을 주민들에게 돌아가고 쇠락하는 지

4인 가족, 월 80팀 방문 가정 봉황재 최대 인원 12인, 예약율 약 90%로 계산

식비 : 4인 X 2식 X 10,000 = 80,000
카페, 군것질 : 30,000
장보기 : 30,000

140,000 X 80
= 11,200,000

주유비 : 50,000 (50%로 가정)

체험비(도보투어 등) : 60,000 (10%로 가정)

50,000 X 40
+ 60,000 X 8
= 2,480,000

13,680,000원

"매월 약 1천 4백만원의 지역 내 소비 유발
관광의 특성상 소비의 연쇄작용 가능"

마을호텔의 유입으로 인한 지역 내 연쇄소비 예시. ⓒ김애림·김지영

방 도심을 살릴 수 있다는 점에서 도시재생의 모델이 될 수 있다는 평가도 나온다.

마을호텔을 통해 공주 구도심 주민들이 기대하는 것은 지역이 활력을 찾는 일이다. 저출산·고령화와 인구 감소 등으로 '지방 소멸 위기론'이 제기되는 상황에서 외부인이 마을을 찾는다면 인구 유입의 새로운 전기를 맞이할 수 있을 것이란 기대를 한다.

특히 마을스테이 제민천 주민들의 움직임은 정부 지원에만 의존하는 사업이 아니라 스스로 형성된 연대라는 점에서 의미가 각별하다. 지역이 가진 고유한 문화를 관광객이 체험하고 지역 주민은 경제적 이익을 얻는다면 지역은 일자리 창출 기회부터 인구 유입 효과까지 얻을 수 있을 것으로 기대된다.

나아가는 마을스테이

없는 수요를 만들어야 합니다. 와플학당은 외지인보다 여기 공주 청년들을 위한 공간입니다. 좋은 바탕을 만들어 놓으면 인구가 증가한다고 생각합니다.

_ 이병성 · 와플학당 대표

소도시는 인구가 적다. 그래서 수요와 공급도 적고, 사람들의 태도도 수동적으로 변화되었다. 이러한 준비되지 않은 지역에 거대한 지원금을 주는 공공사업을 하게 된다면 오래가지 못한다. 마치 작은 몸에 맞지 않는 큰 옷을 입는 것과 같다. 사업 초반에는 적극적인 소수의 주민이 주도하며 앞으로 나아가겠지만, 서서히 주민들이 관심을 끄게 되고 결국에는 멈추게 될 것이다.

공주시에서는 도시재생뉴딜사업 계획으로 2023년까지 498억원을 투입하여 '제민천과 함께 하는 역사문화 골목공동체 뉴딜사업'을 추진하고 있다. 해당 사업은 크게 '혁신거점공간 조성 사업', '지역특화골목 재생사업', '지역역량 강화사업'으로 구성된다.[08] '혁신거점공간 조성 사업'에는 '마을 어울림 플랫폼 조성사업'이라는 주민 커뮤니티 공간 조성사업이 포함되어 있다. 그러나 주민들은 커뮤니티 공간이 필요한지에 대해 의문을 품고 있다. 어떻게 하면 기존 주민의 크고 작은 커뮤니티가 참여하고 있는 네트워크를 지속할 수 있게 하는가에 초점을 맞춘 시선이 필요하다.

도시가 지속할 수 있으려면 지원금에 의존하는 태도가 아닌, 먼저 주민들이 함께 동네의 힘을 키우는 기반을 마련하는 것이 중요하다. 주민들의 자력을 통해 좋은 바탕이 만들어지면, 자연스럽게 인구가 유입되고 평균 연령도 젊어질 것이다.

마을스테이는 소도시 공주에서 민간주도의 도시재생 활동을 하고 있다. 그들은 자체적으로 활동하며 기반을 쌓고 있다. 외부인을 중심으로 마을 문제를 해결하고, 지역경제를 활성화한다. 마을스테이를 통해 공주에 방문객이 늘고 도시의 경쟁력이 강화되었다. 새로운 카페와 전시 공간도 생기고 덕분에 주말의 공주는 관광객으로 가득하다.

따로 또 같이, 로컬 크리에이터 발굴

마을스테이의 규모가 점점 커지고 사업의 범위가 확장되고 있다. 대표들의 역량은 한정적이기에 마을스테이의 지속가능성을 위해서는 인력 충원이 필요하다. 신규 채용을 해도 주어진 일만 하는 것이 아닌 '본인의 프로젝트'가 있어야 한다. 함께 일하는 것은 공주에서의 목표가 뚜렷한 로컬 크리에이터를 발굴하는 것과 같다. 그것이 마을스테이가 영역을 넓히고 미래를 향해 나아가는 '따로 또 같이' 방식이다.

우리의 상상은 현실이 된다

공주의 마을스테이는 함께 채워가는 공간이다. 각자 하는 일의 분야가 다양하고, 일의 구성원은 가변적이며 그들의 관계는 모호하다. 누군가 시켜서 하는 일도 아니고, 평생 해왔던 일도 아니다. 공주의 마을스테이가 몇 년 후 어떤 모습으로 변화할지는 아무도 모른다.

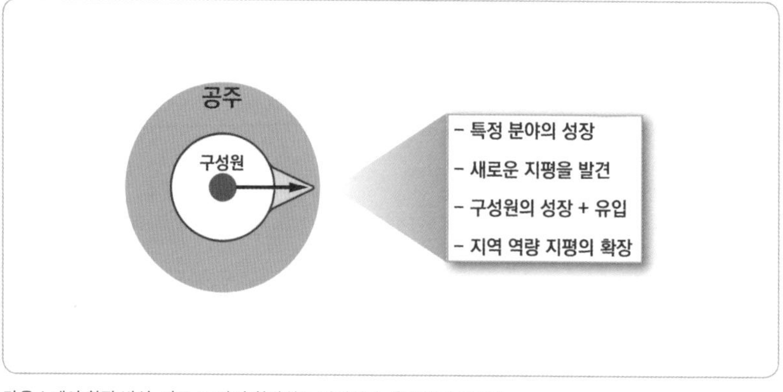

마을스테이 확장 방식. 따로 또 같이 확장하는 방식이다. ⓒ김애림·김지영

여기서 중요한 점은 외부인과 현지인이 자발적으로 협업하고 커뮤니티를 형성해 지역 활성화에 단초가 됐다는 점이다. 마을의 특색이 담긴 고유한 문화를 소비하고 지역 주민은 경제적 이익을 얻는다는 점에서 마을호텔은 쇠퇴하는 원도심을 살리는 건강한 관광이자 도시재생의 모델이 될 수 있다는 평가가 나온다. 주민들의 참여가 소도시 공주에 변화를 가져왔고, 공주의 마을스테이는 이제 막 시작이다.

공주 마을스테이가 여러 언론매체에도 등장하고 유명해지자 마을호텔의 선도사례로 불리며 여기저기서 찾아오는 사람들도 많이 늘었다. 하지만 몇 년 전만 해도 누가 현재 공주의 모습을 상상했을까. 내가 먼저 행동하면 지역이 바뀐다는 접근은 현실로 경험할 수 있었다.

이들은 현재의 모습에 안주하지 않고 지금도 공주의 빈 공간들을 어떻게 채울까 상상하는 중이다. 그들은 봉황동에 맥주 한잔할 수 있는 펍을 꿈꾸고 있다. 또한, 어디서나 적용 가능한 마을호텔 모델도 구상 중이다. 소도시 원도심을 매력적으로 만들어 마을에 머무르는 사람이 자연스럽게 늘어나는 기분 좋은 상상이다. 그들의 상상은 현실이 될까?

Note

01 '고도(古都) 이미지찾기 사업'은 보존 육성지구 내 불량 건축물을 정비하고 역사·문화·환경과 어우러지는 전통적이고 쾌적한 주거환경을 조성하는 사업이다.
02 2020년 9월 퍼즐랩은 국토교통형 예비사회적기업, 예비관광벤처기업으로 지정되었다.
03 사람과 사람을 연결하는 디자인
04 함께 배우는 공간
05 개인 또는 기업을 위한 개방형 사무실
06 커뮤니티 참가자들의 관계 정도에 따라 '타이트한 커뮤니티', '느슨한 커뮤니티' 등으로 나눌 수 있다.
07 야마자키 료의 책 <커뮤니티 디자인>에 언급되었으며, 취미나 취향이 같은 사람들이 모이는 커뮤니티를 의미한다.
08 https://kjha.kongju.ac.kr/items/show/155053

여행협동조합의 탄생

하동 놀루와

UOS 마을호텔탐험대

김동민 · 이동윤

하동군의 지킴이가 되겠다는 협동조합이 탄생했다.
'주민공정여행 놀루와'는 하동군 토박이와
주민들이 함께 설립한 협동조합 형태의 여행사다.
놀루와는 여러 가지 여행 상품을 운영하고
마을호텔을 기획하면서 진짜 마을기업을 꿈꾸고 있다.

2019 경상남도형 예비사회적기업 지정
2019 문화체육관광부형 예비사회적기업 지정
2020 한국관광공사 선정 야간관광 100선 선정 (섬진강 달마중)
2020 행정안전부 2020년 마을공방 육성사업 선정 (마을호텔사업)
2021 경상남도 관광기업 콘퍼런스&어워드 여행기업 부문 한국관광공사 사장상 수상
2021 한국관광의 별 지속가능 분야 특별상 수상

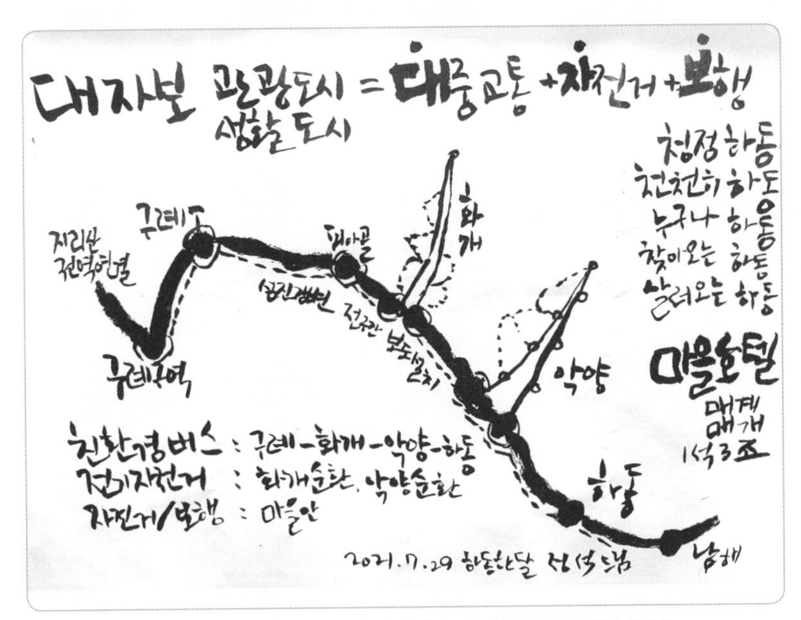

하동 한달살이를 마치며 윤상기 하동군수와 면담 때 건넨 '대자보 도시 하동' 구상 스케치 ⓒ정석

주민공정여행사의 출발

하동군 악양면에 위치한 '주민공정여행 놀루와(이하 놀루와)'는 연결을 키워드로 2018년 8월에 설립된 협동조합 형태의 주민공정여행사다. 주민공정여행이란 이름에서 유추해볼 수 있듯이 조합원은 하동군 주민들이고, 공정여행은 이윤이 주민에게 고스란히 돌아가는 구조를 의미한다.

놀루와는 크게 실무팀과 조합원으로 구성되어 있다. 2022년 1월을 기준으로 실무팀은 오동수 실장과 세 명의 청년 인재(양지영 선임PD, 전윤환 PD, 김명희 PD), 조합원은 와이너리(정성모 대표), 녹차(이덕주 매니저), 양조장(이근왕 대표) 사업을 운영하는 주민 등이다.

놀루와를 처음 기획한 사람은 하동군 공무원 출신인 조문환 대표다. 조 대표는 하동군 토박이로 약 28년을 하동군 공무원으로 재직했고 악양면장을 마지막으로 정년을 7년 앞둔 2017년 퇴직했다.

재직 중에도 남은 인생을 어떻게 살아갈 것인지와 소멸되는 동네를 어떻게 할 것인지를 고민했던 조문환 대표는 자신의 인생을 바꾼 두 번의 큰 시기가 있었다고 한다.

첫 번째는 2004년 화개면장으로 있으면서 농촌에 관해 연구하고 싶어서 한국농촌관광대학을 1년 자비로 다닐 때다. 농촌을 객관적으로 바라볼 수 있는 시각을 갖게 되었고, 농촌 연구와 관광에 종사하는 사람들과도 관계를 맺게 되었다.

두 번째는 2010~2011년 구제역 사태다. 소가 죽는 농촌의 현실을 도시 사람들은 잘 알지 못할 것이라고 생각한 조 대표는 매주 토요일마다 하동군 전역을 취재하고 정리하여 일요일에 '하동 편지'라는 이

대표 조문환

문득 하고 싶은 것이 무엇인지 생각 해 봤다. 그래서 시작한 것이 놀루와다. 친구들을 모았고 도시 청장년들이 모여들었다. 하다 보니 꿈이 구체화 되고 가능성도 보인다. 때때로 좌충우돌한다. 너무 먼 미래보다는 제법 가까운 미래를 생각한다. 더 많은 사람들과 손잡고 싶다. 가능한 대표자리는 짧게!

실장 오동수

안녕. 난 하동사람.
사실 서울에서 태어나 서울이 아닌 곳에서 살아본 적 없다. 물론 전국구 축제 전문 아나운서이자 진행자로 일 년의 절반 이상 집이 아닌 곳에서 생활했다. 하지만 일 년 이상 집이 아닌 다른 곳, 하동에서 하동사람이라 쓰인 모자를 쓰고 살고 있다. 지리산, 섬진강, 평사리들판 등 보이는 것 모두 내 무대이고, 콘텐츠이다. 하동 관광, 하동 여행, 하동다움을 만들어가는
'LOCALITY TRAVEL NOLLUWA' FOREVER

놀루와는 크게 실무팀과 조합원으로 구성되어 있다. 그 중심 인물을 이렇게 소개하고 있다. ©놀루와

메일을 한국농촌관광대학을 다니면서 알게 된 약 300명의 농촌·도시 전문가들에게 보냈다. 조 대표는 약 6년간 '하동 편지'를 보냈고, 구독자는 그사이 2,000여 명으로 늘었다. 하동편지는 2012년 11월에 『시골공무원 조문환의 하동편지』[01]로 묶여서 출간되었다.

놀루와 설립 배경과 가치관

놀루와는 지속가능한 하동군을 위한 조문환 대표와 주민들의 고민 속에서 시작됐다. 고민에는 크게 네 가지 였는데 농촌의 고령화와 소멸화, 귀농인과 현지인의 갈등, 돈 갖다 붓기 식의 정부지원 정책, 농촌의 소멸되는 공동체 의식이었다.

네 가지 고민을 해결하기 위한 방안을 고심하던 중 조 대표는 '마

을호텔'이라는 개념을 알게 되었다. 마을 어르신들이 동네에서 생을 마무리할 수 있고 청년들도 마을로 들어와서 일하고, 귀농하기 전에 하동군을 체험해볼 수 있는 방안으로 마을호텔이 딱이라고 생각한 것이다. 무엇보다 외부 기업이나 전문가가 아닌 마을 주민들이 주도한다면, 사라져 가는 공동체 의식을 고취할 수 있을 뿐아니라 마을이 자생할 수 있는 토대도 마련할 수 있을 것이라고 생각했다.

생각을 실천으로 옮길 결심을 한 조 대표는 공직 생활을 마무리하고 2017년 12월에 발기인을 확정하여 회사 설립에 착수했다. 이후 조합원 8명을 구성하여 2018년 8월에 협동조합 설립 신고를 하고 놀루와를 시작하게 되었다.[02]

놀루와는 2019년 2월에는 사회적기업가 재도전 육성사업, 동년 4월에는 경남형 예비사회적기업으로 선정되었다. 2019년 12월에는 문화체육관광부의 예비사회적기업과 생활관광모델로 선정되고, 2020년 4월에는 한국관광공사에서 선정하는 야간관광 100선에도 뽑혔다.

놀루와의 지향점은 다섯 가지 키워드(지역·주민·공동체·사람·내일)로 설명되는 데, 한 가지 물리적인 요소와 네 가지 비물리적인 요소로 구분할 수 있다.

물리적인 요소인 '지역'은 놀루와의 공간적 활동 범위가 하동군임을 의미한다. 비물리적인 요소들에는 놀루와가 주민과 주민, 방문객과 주민을 이어주는 매게체 역할을 하겠다는 뜻이 담겨 있다. 즉 놀루와는 사람과 사람을 이어주는 활동을 하면서 마을공동체의 발전과 지속가능성을 목적으로 한다고 정리할 수 있다.

놀루와에서는 일회성 방문을 지양하고 여행객이 하동군을 찾을

지역을 지향한다	주민을 지향한다	공동체를 지향한다	돈보다 사람을 지향한다	오늘보다 내일을 지향한다

놀루와의 5대 지향점 ©놀루와

때마다 색다른 경험을 할 수 있도록 여행 상품을 기획하고 있다. 실무팀 개인 SNS를 통한 홍보 이외에 다른 광고를 하지 않음에도 입소문을 통해 방문객이 늘고, 재방문객도 꾸준하다고 한다. 놀루와에서는 "단 한 사람의 여행자를 위해서도 지역이 협력하여 정성껏 모시겠습니다" 라는 마음으로 여행 상품을 기획하고 운영한다.

저희는 온라인으로 방문객 관리를 하는데, 달마중 프로그램에 여러 번 신청하는 사람들이 있는 거예요. 많게는 12번 온 사람도 있어요.
_ 오동수 · 놀루와 실장

놀루와의 여행사업

놀루와는 폐교를 새로운 공간으로 재조성한 악양생활문화센터 2층에 있다. 악양생활문화센터는 2017년 9월에 센터 위탁운영단체로 선정된 '구름마'[03]라는 사회적협동조합에서 운영하고 있다.

조문환 대표는 악양면장이었던 시기에 구름마를 알게 되었고, 놀루와에 가장 어울리는 장소가 악양생활문화센터라고 판단하였다. 하동군의 여러 공동체 간 상생을 추구하기 위한 구름마 측의 배려로 놀루와는 센터에 얹혀살게 되었다. 물론 악양면상 때부터 이어진 조문환 대표와 구름마의 친밀한 관계도 영향이 있었을 것이다.

여행사로서 놀루와는 개별형, 선택형, 맞춤형, 주민접촉형이라는 네 가지에 기반한 '나만의 여행'을 추구하고 있다. 먼저 개별형은 여행 상품을 서로 연결할 수도 있지만, 각각의 여행 프로그램을 독립적으로 운영할 수도 있도록 하는 것이다. 예를 들어 하동군의 대표적인 관광 상품인 녹차와 섬진강 관련 프로그램을 함께 즐길 수도 있지만, 하나만으로도 완성도를 높이는 것이다. 즉 개별형은 여행 상품 하나하나에 초점이 맞춰진 특성이라고 할 수 있다.

선택형과 맞춤형은 여행 상품보다는 여행객에 초점을 둔 특성이다. 놀루와에서 운영하고 있는 여러 가지 여행 상품은 여행객의 다양한 수요를 충족시키기 위한 특성 체험과 인문 그리고 답사 등으로 구성되어 있다. 당일치기가 아닐 경우에는 3~4개 이상의 다양한 여행 상품을 조합하는 것이 가능해진다. 따라서 놀루와의 여행 사업은 여행객의 규모와 여행 목적에 따라 적절한 프로그램을 선택하여 맞춤형으로 운영할 수 있다는 특성이 있다. 이상의 세 가지 특성은 놀루와뿐만 아니라 여행사라면 갖고 있는 특성이다.

주민공정여행사로서 놀루와가 갖고 있는 차별성은 바로 주민접촉형이라는 특성이다. 주민접촉형은 크게 두 가지 측면에서 살펴볼 수 있다. 첫 번째는 놀루와와 주민의 접촉이다. 놀루와는 주민과의 협업을 기반으로 여행 상품을 운영한다. 실무팀인 오동수 실장과 세 명의 PD

악양생활문화센터 ©김동민

는 여행사 운영을 위한 각종 공모제안서를 작성하고, 여행 상품을 기획하면서 여행객보다 주민을 먼저 하동군 여행으로 초대한다. 놀루와 실무팀에서 여행객을 모집하면, 상품에 따라서 주민들이 마을 안내를 해주기도 하고 조합원들이 운영하는 와이너리와 농가레스토랑 등을 체험하는 방식이다.

주민접촉형의 두 번째 내용은 여행객과 주민의 접촉이다. 놀루와의 상품은 크게 '체험', '인문', '답사', '액티비티'과 같이 네 가지 여행으로 분류되는데 이 중 체험여행이 대표적인 주민접촉형이라는 볼 수 있다. 체험여행은 여행객이 주민들의 일상에 스며들어 하동살이를 체험해보는 여행이다. 체험여행에는 '매계마을 외갓집으로'와 '시골농장체험' 등의 상품이 있다. '매계마을 외갓집으로'에서는 마을 부녀회에서 직접 준비한 하동군 가정식과 뒷마당을 활용한 바비큐를 체험할 수 있

개별형	선택형 · 맞춤형	주민접촉형
여행상품별 체험 가능	여행객의 규모와 목적에 따라 다양한 상품 조합 가능	주민의 일상 체험 가능

놀루와 여행 상품의 특징

다. '어둠과 고요여행'과 연결하면 여행객은 호롱불을 들고 밤길을 걷고 별을 바라보는 등 달빛산책도 즐길 수 있다. 시골농장체험은 여행객이 직접 수확하여 음식을 만들어 보는 것으로 계절에 따라 체험할 수 있는 작물과 세부 내용에 차이가 있다.

놀루와의 상품 가운데 인문여행에는 문학여행과 음악여행이 있다. 두 가지 모두 소설가 박경리의 대표작인 토지를 여행 상품으로 활용했다. 문학여행은 토지에 나오는 마을을 찾아가 소설 속에 묘사되어 있는 골목길을 걷고 주민을 만나면서 과거와 현재의 이야기를 듣는 상품이다. 음악여행은 토지의 실제 모델이 된 하동군 악양면의 조씨 고가(古家)에서 날씨와 여행객의 상황에 어울리는 음악을 들으며 쉬어가는 상품이다.

답사여행에는 우리나라 차의 시배지인 하동 다원길 순례와 세 가지 소나무 답사 등이 있다. 다원길 순례는 다원길을 돌아보고 다양한 맛의 차에 대한 설명을 들으면서 차를 직접 내려 마실 수 있다. 세 가지 소나무 답사는 십일천송과 부부송 그리고 문암송을 답사하고 각각의 소나무에 얽혀 있는 의미를 되새길 수 있다. 십일천송은 열 한 그루

소설 토지 속 골목길과 조씨 고가 ©놀루와

가 마치 한 그루인 듯 모여 하늘을 바라보고 있는데, 각각의 나무가 욕심 내지 않고 열 한 그루 모두 햇빛을 받을 수 있도록 서로를 배려하고 있다. 부부송은 약 83만 평인 평사리 들판을 지키며 서로 사랑으로 기대어 있다. 문암송은 소나무와 바위가 서로를 감싸 안고 있는 모습으로 바위는 씨앗이 자라도록 자리를 내줬고, 씨앗은 나무로 자라서 뿌리로 바위를 감싸고 있다. 문암송에는 소나무와 바위가 서로 희생하면서 상생하고 있다는 의미가 담겨 있다.

액티비티 여행에는 금오산 짚라인과 구재봉 & 형제봉 오프로드 길이 있다. 금오산 짚라인은 다도해를 감상할 수 있는 금오산 정상에서 짜릿함과 경치를 동시에 즐길 수 있다. 구재봉 & 형제봉 오프로드 길은 평사리 들판과 섬진강 너머 백운산의 모습을 감상할 수 있는 코스다.

놀루와는 '다달이 하동'이라는 정기 프로그램도 운영하고 있다. 명칭에는 매월 정기적으로 운영된다는 의미와 계절별로 달라지는 하동의 자연경관으로 초대한다는 의미를 담고 있다. 다달이 하동은 문화체육관광부의 2020년 생활관광 활성화 프로그램으로 선정되기도 하였다.

세부 프로그램에는 '하동 차마실'과 '섬진강 달마중'이 있다. 하동

십일천송, 부부송, 문암송 ©놀루와

차마실 상품을 선택한 여행객은 주민들의 설명을 들으면서 녹차밭을 걸어다니고 직접 녹차를 내려 마시면서 소풍을 즐길 수 있다. 2020년 11월 13일부터 20일까지는 차밭 음악회 프로그램이 진행되었다.

섬진강 달마중은 놀루와에서 운영하는 여러 가지 여행 상품 가운데 야간 핵심 프로그램이라고 할 수 있다. 달마중은 하동주민들이 보름날 밤에 횃불을 들고 섬진강변에 모여서 노는 고유의 풍습을 활용한 것이다. 보름달이 뜬 날에만 2시간 정도 정기적으로 진행했는데, 인공 보름달을 만들어 언제든지 달마중이 가능하도록 확대하였다. 달마중을 통해 여행객은 섬진강변을 걷고 음악과 시낭송을 즐길 수 있다.

하동 차마실과 심진강 달마중은 키트 형식으로도 이용이 가능하다. 정기 프로그램을 신청하지 않은 여행객도 별도의 준비물 없이 키트를 이용하면 하동의 문화와 자연을 누릴 수 있다. 정기 프로그램보다 체험의 자율성이 있다는 것도 키트 형식의 특징이다. 한두 명 규모인 소수의 여행객을 대상으로 정기 프로그램을 진행하기에는 어려움이 있어서 놀루와에서는 키트를 제작했다. 키트는 여행객이 마음대로 프로그램을 진행하면서 하동을 즐길 수 있다는 장점이 있다.

섬진강 달마중 체험 ©놀루와

하동 차마실 키트는 소풍 물품을 대여해준다. 하동 녹차와 다기 세트 그리고 돗자리 등이 포함되어 있다. 여행객은 발길이 닿는 차밭에서 자유롭게 마실을 즐길 수 있다. 하동 차마실 키트는 매일 14~17시에 대여 가능하고 반납은 당일 18시까지다. 키트당 권장하는 최대 인원수는 4명이다.

섬진강 달마중 키트는 달마중의 분위기를 체험해볼 수 있도록 구성되어 있다. 여행객은 일정이 맞지 않아 정기 프로그램을 체험할 수 없어도 언제든 하동에 방문하여 자신만의 달마중 추억을 만들 수 있다. 키트는 달 모형, 호야등, 시집 등으로 구성되어 있다.

놀루와에서 제안하는 섬진강 달마중 키트 사용법은 튜토리얼 영상을 보고 섬진강 변에 돗자리를 펴고 달빛을 즐기는 것이다. 달이 찾아오지 않으면 키트에 포함된 미니 달조명과 백사장에 설치된 달모형으로 달마중 분위기를 낼 수 있다.

여러 예능 프로그램과 언론에 하동군이 소개되면서 하동군을 찾는 여행객이 늘어나고 있다. 방송의 영향뿐만 이니라 2020년 전 세계를 강타하고 있는 코로나19 사태 속에서 국외 여행의 대안으로 하동이

하동 차마실 키트 활용 ©놀루와

떠오르는 점도 있지만, 오동수 실장은 다음과 같이 설명한다.

사람들이 나만 아는 곳, 나만 할 수 있는 것을 점점 더 찾으면서 개인이나 가족 단위 여행지로 하동이 떠오르고 있고, 방송사에서도 주목하고 있어요.

_ 오동수 · 놀루와 실장

놀루와는 언론에서 하동을 주목하기 전부터 지속가능한 하동군을 위한 고민을 하며 실천하고 있었다. 놀루와에게 하동군은 여행 사업을 하는 대상지가 아니라 지속가능한 마을살이를 꿈꾸는 삶터다.

하동군 마을호텔 기획: 매계마을

'매화 꽃잎이 흐르는 계곡'이라는 뜻을 가진 하동의 매계마을은 지리산과 섬진강의 정기를 담은 수려한 자연경관을 지니고 있으며, 70

	하동 차마실		섬진강 달마중	
	정기	키트	정기	키트
운영 일시	매월 운영 (날짜 별도 공지)	월요일 ~ 일요일 - 대여 14~17시 - 반납 18시까지	보름이 있는 주말 (날짜 별도 공지)	월요일 ~ 토요일 - 대여 14~20시 - 반납 21시까지
비용	1인당 15,000원	세트당 20,000원	1인당 20,000원 (초등학생 이하 무료)	세트당 20,000원
비고	-	- 신분증 - 하루 전 신청	-	- 신분증 - 하루 전 신청

놀루와 정기 프로그램과 키트

가구, 120여 명의 사람들이 거주하고 있다(2019년 5월 기준).

매계마을 역시 여타 다른 지역과 같이 농촌의 고령화, 쇠퇴화가 이뤄지고 있고 지속적인 인구감소로 인해 인구소멸위험지역으로 분류되고 있다. 하지만 현재 귀농인 또는 귀촌인들과 원주민이 서로 각자의 재능과 재원을 나누는 화합을 통해 새로운 가능성 있는 마을로 탈바꿈하기 위해 노력하고 있다.

마을을 변화시키기 위해 우선적으로 소멸되고 있는 주민공동체의식을 회복하기 위해 2014년부터 매계마을회를 구성하여 다양한 생활문화공동체만들기를 진행하였다. 제일 처음 진행한 것은 원래 가지고 있던 마을의 아름다움을 보존하기 위해 주민들이 함께 모여 의논하여 스스로 마을입구와 안길 등을 산책로로 조성하는 것이었다. 이를 통해 슬로시티 운동을 경험하기 위해 악양을 방문한 사람들을 매계마을로 유인하였다.

매계마을 전경 ©매계마을 블로그(https://blog.naver.com/mgmaker)

또한, 마을에 재능이 풍부한 주민들을 활용하여 풍물놀이, 노래 수업, 요가, 매계 차회, 기타수업 등 다양한 동아리 활동을 장려하고 있다. 어르신들이 모여 그냥 사랑방에 모여 TV를 보거나, 화투를 치는 등 무료하게 일상을 보내는 것이 아니라 동아리 활동을 통해 다양한 경험을 하면서 하루를 보낼 수 있게 되었다. 그러면서 귀촌·귀농인들이 원주민들과 자주 마주치며 서로의 정보와 경험을 공유하고 자연스럽게 마을에 스며들면서 서로를 이해하고 발전할 수 있는 마을이 되고 있다.

매계마을은 좋은 공동체와 자원 등이 인정받아 2014년 생활문화공동체 공모사업에 선정되었고, 2016년 전국 행복마을 콘테스트에서 금상을 수상하였으며, 2016년 12월 30일 최우수 마을로 대통령 단체 표창을 수상하였다. 매계마을은 가지고 있는 장점을 활용하여 현재 다양한 사업을 진행하고 있으나 일회성 사업으로는 한계가 있다고

매계마을 마을 산책로 조성 ©매계마을 블로그(https://blog.naver.com/mgmaker)

생각하여 지속가능한 마을을 만들기 위해서 마을호텔을 진행하게 되었다.

하동군 마을호텔 계획 및 운영

매계마을은 주민공동체가 잘 형성되어 있는 장점을 활용하여 일회성 사업이 아닌 지속가능한 사업을 통해 마을의 활기를 가져오고 청년들이 유입되어 마을이 세대교체 되기를 소망하였다. 이를 실현하기 위해 건강한 공동체를 기반으로 생산적 지역자원과 협력적 비즈니스가 결합된 마을호텔을 운영한다면 지속가능한 비전이 될 수 있다고 생각한 것이다.

매계마을은 하동을 대표하는 건강하고 행복한 공동체 마을, 귀농·귀촌인과 현지인 그리고 청·장년과 노인이 협력하는 마을, 새뜰사업 등 다양한 정부의 지원사업으로 발전하는 마을, 지속적으로 여행자가 찾아오는 마을 등 다양한 좋은 장점이 있는 마을이다. 하지만 뚜렷한 소득자원이 없고, 고령화로 인해 10년 후가 불투명하고, 핵심 콘텐츠가 없어서 일회성 방문으로 그치는 등 한계점도 뚜렷하다.

하동과 매계마을이 자신들의 장점을 통해 다른 마을들이 쇠퇴하는 것과는 달리 성장하고 있지만, 향후 10년 후에도 이 상승세를 유지할 수 있다는 보장이 없는 상황이다. 매계마을의 장점을 살려 마을이 계속해서 유지되고 더 나아가 성장하기 위한 플랫폼이 필요하였고, 그에 적합한 것이 바로 마을호텔이다.

이전에는 마을 내 숙박시설이 없어서 매계마을에 방문해도 다른 마을 또는 외지인이 지어놓은 펜션 혹은 리조트를 이용해야만 했다. 이렇게 되면 마을 방문을 통해 얻는 수익이 마을에 돌아가는 것이 아니라 다른 곳에 돌아가게 된다. 그러면 마을이 유명해지고 찾는 방문객들이 많아져도 마을의 지속가능성이 보장될 수 없다. 우리 지역에서 소비되고 얻는 수익이 모두 주민에게 100% 돌아오는 모델로써 마을호텔을 기획하면서 운영하고 있다.

마을호텔 플랫폼이 자리 잡기 위한 2~3년의 노력을 통해 향후 매계마을의 20~30년을 넘어 지속가능성을 보장하고자 마을호텔을 계획하였고, 이를 매계비전 2030으로 이름 붙였다. 마을호텔을 통해 지속가능한 소득을 창출함으로 청년 인구가 유입되고, 노인분들이 동네에서 여생을 마칠 수 있는 자립복지가 가능하도록 기본방향을 설정하였다. 그리고 이 마을호텔은 마을기업인 협동조합 매계와 하동주민공정

매계마을과 놀루와 업무협약 ©매계마을 블로그(https://blog.naver.com/mgmaker)

여행 놀루와가 공동으로 운영하기로 결정했다.

마을호텔을 숙박에만 한정하여 운영하는 것이 아닌 다양한 사업들과의 연계도 고려하고 있다. 매계마을에 정착한 귀농·귀촌인이 운영하고 있는 목공공방, 그림공방 등 여러 공방들을 하나의 '갤러리 매계'로 연결하여 연계, 지역의 농·특산물 판매 연계 그리고 현재 놀루와가 진행하고 있는 체험여행, 마을축제, 마을예술제 등과의 연계를 고려하고 있다. 이러한 구조를 통해서 대한민국을 대표하는 마을이 되고 더 나아가서 마을복지 요양원의 한 모델로 성장하고 있다.

매계마을이 지속가능한 마을로 나아가기 위해서 마을호텔을 선택한 것은 마을의 장점을 잘 활용할 수 있는 사업이기 때문이다. 마을에서 마을호텔을 운영하기 위해서는 준비할 조건들이 많다. 우선 공동체가 형성되어 있어야 하고 원주민이 귀농·귀촌인을 포함한 방문객들을 포용할 수 있는 마음을 가지고 있어야 하는 등 다양한 준비가 필요하다. 그러나 매계마을은 이미 5~6년 전부터 '잭산할매 요리강좌'라는 공동체 교육 프로그램을 통해 음식을 잘하시는 마을 어르신들이 선생님이 되어 원주민과 귀농·귀촌인들에게 요리 수업을 진행하였다. 이를

단체 방문객 식사 제공 사진 ⓒ매계마을 블로그(https://blog.naver.com/mgmaker)

통해 유대관계를 맺은 공동체를 만들었고, 더불어 20~30명의 방문객을 위한 음식을 제공할 수 있는 능력도 길러놓았다.

마을호텔을 조성하기 위해서 기존의 주택을 리모델링하여 객실을 제공할 예정이다. 또한, 기존 호텔시설에 포함되어 있는 레스토랑, 빨래방, 방문객 접대 공간, 세미나실 등 공동시설의 경우 새로 건립하고, 예약시스템 등의 운영시스템을 구축하는데 총 14~16억 원 가량의 비용이 소요될 것으로 예상하고 있다.

마을호텔을 운영하기 위한 인력은 객실을 제공하는 마을 주민들이 각각 호텔객실의 주인으로서 운영하고, 빨래방과 레스토랑은 각 1~2명의 마을 주민을 고용할 예정이다. 그리고 마을호텔 운영인력을 총괄할 수 있는 매니저는 관련 전문 직종 인력을 채용할 계획이며 향후 인력이 더 필요할 경우 청년직원을 채용하여 지역 내 청년인구가 유입될 수 있도록 유도하는 계획을 가지고 있다.

2020년 12월까지 추진된 상황은 마을 설명회를 통해 마을 주민들에게 마을호텔의 개념 및 필요성에 대해 설명했고, 관련 내용에 대해 의견을 수렴하여 마을 여론을 확정하였다. 행정적으로는 레스토랑 건

2020년 2월	마을호텔 관련 1차 마을 설명회
2020년 3월, 6월	하동군 및 경상남도 예산지원 건의 (마을호텔 관련 시설 등)
2020년 9월	마을총회 개최 (의견수렴 등 마을 여론 확정)
2020년 10월	매계마을과 놀루와 협약체결
2020년 12월	마을호텔 참가자 확정

매계마을과 놀루와의 협업 진행상황

립을 위한 예산을 확보하였으며 추가적으로 경상남도 및 하동군에 마을호텔 관련하여 예산지원을 건의한 상태다. 2020년 10월 마을기업인 협동조합 매계와 놀루와가 협약을 체결하고 현재 호텔 객실 제공, 레스토랑 및 빨래방 운영자 등 7명의 마을호텔 참가자를 확정하였다. 향후 2021년 말 또는 2022년부터 호텔 매계 및 협동조합 매계라는 명칭으로 마을호텔을 운영할 예정이다.

매계마을의 마을호텔은 2020년 현재 마을호텔 단계의 이전단계인 농가민박의 형태로 객실 총 5개를 시범운영하고 있다. 지금 제공되는 객실의 경우 원주민들의 주택을 활용하여 각 주택의 형태에 따라 독채형, 원룸형, 층별 제공 등으로 구분되어지고 1박당 비용은 5만원으로 측정하고 있다. 이 숙박비 수익은 모두 주택의 소유주인 주민에게 돌아가기 때문에 큰 수익을 보는 것은 아니지만 소소하게 자기 일을 하면서 부가적인 수입을 얻을 수 있기 때문에 다른 원주민도 숙박공간으로 주택이나 방을 제공하고 싶어한다. 작지만 주민공정여행이라는 선순환이 이루어지고 있다.

그러나 객실 내 화장실이 없고 별도로 외부에 위치하거나, 침구류가 청결하게 유지되지 못 하는 등의 여러 문제점이 존재하여 향후 마을호텔로 운영할 경우에는 편의물품, 침구류 등 시설 표준화를 마련하고 화장실, 객실면적, 구조 등의 규격도 체계화하여 보완하는 노력이 필요하다.

지금의 매계마을의 마을호텔은 초창기 모델이다. 그냥 있었으면 아무일도 벌어지지 않았을거다. 마을로 봐서도 부녀회에서 밥을 해주는 수고는 들지만 무료하게 보내는 시간에 노력하니까 사람도 보고 돈도 만지고... 물론 큰 액수는 아니지만 우리가 살아있다는 느낌을 받을 수 있다. 이게 의미있는 것이다.
_ 조문환 · 놀루와 대표

이러한 마을호텔을 바탕으로 매계마을은 경제적, 문화적 자립마을로 자리매김하길, 더 나아가서 대한민국의 모델적 마을과 기업으로 부각되길 희망하고 있다. 사람이 돌아오고, 안정적 수입이 바탕이 되는 마을호텔을 통해 지속가능한 행복마을 매계마을이 되었으면 좋겠다.

하동군 마을호텔 확산 및 발전방안

마을호텔이 협동조합 매계와 놀루와가 계획한대로 잘 운영된다면 향후 하동이 위치한 지리산권 5개 자치단체(하동, 구례, 남원, 산청, 함양) 네트워크도 형성되고 각각의 마을마다 마을호텔이 생겨날 수 있을 것으로 생각한다. 그럼 마을호텔 간 네트워크를 통해 공동 예약 플랫폼, 사

하동 마을호텔 객실_ 횡천댁 ©김동민

인물, 유니폼, 직원교육, 농·특산물 등 지역산물 판매시스템 등을 공유하는 지리산권 연계관광 시스템이 구축될 수 있다고 조문환 대표는 바라보고 있다.

우리 하동이 지리산 둘레길의 중심에 있다. 그래서 둘레길 사무실도 하동에 위치해 있다. 그렇기 때문에 우리 매계마을이 마을호텔로 성공한다면 지리산권 5개 자치단체에도 마을호텔의 체인점을 할 수 있겠다라는 제안을 했다. 그래서 일단은 하동을 선도적으로 해보고 있는 것이다.

_ 조문환 · 놀루와 대표

조문환 대표의 생각대로 이뤄진다면 지리산권 마을 간의 상생과 협력을 통해 지역 활성화에 기여할 수 있을 것이다. 5개 자치단체 마다 마을호텔을 통해 15명의 인력이 고용된다면 총 75명 이상의 일자리가 새로 창출되며, 연 10억 원 이상의 경제효과를 가져올 수 있을 것으로 예측된다. 광역발전을 통해 전국에 마을호텔의 성공모델로 부각되고, 매계마을은 국내 대표 성공마을로 발돋움할 수 있을 것이다.

Note

01 조문환(2012), 「시골공무원 조문환의 하동편지」, 북성재.

02 설립 당시 조합원 가운데 3명이 타지로 이사를 가면서 2020년 12월 현재 놀루와의 조합원은 조문환 대표를 포함한 총 5명이다.

03 구름마는 지리산 문화예술 사회적협동조합으로 2015년 6월 문화체육관광부 법인 인가를 받았다. 악양 매계마을회관 벽화지도 디자인 제작, 여행그림책 개발(섬진강, 지리산, 화개면, 하동 등 5종), 섬진강바람 영화제 등 지리산권을 중심으로 활동하고 있다.

놀루와 홈페이지 https://www.nolluwa.co.kr/

세 번째 마을

골목길에서 찾은
연결의 가능성

정선 마을호텔18번가

UOS 마을호텔탐험대　　김희수

길은 공간을 이어주고, 사람들의 마음을 연결하며
새로운 변화의 통로가 된다.
정선의 마을호텔18번가에는
골목길을 중심으로 펼쳐진 특별한 이야기가 있다.
주민들의 자발적인 참여로 거리 풍경이 바뀌었고
활력을 되찾은 골목길에서는 새로운 추억이 만들어지고 있다.

2018 도시재생 한마당대회 국토부장관상 수상
2018 균형발전박람회 사회적 경제 지역혁신대회 최고인기상 수상
2019 지역 골목상권 활성화 우수사례 발표대회 행정안전부 장관상(최우수상) 수상
2019 대한민국 도시재생 심포지엄 국토교통부 장관상(대상) 수상
2020 국토교통부의 도시재생 뉴딜사업 선정
2021 행복농촌만들기 콘테스트 농림부장관상 수상

©김희수

폐광촌의 골목길

탄광 마을 '고한'을 아시나요

이른 시간 청량리역에서 출발한 무궁화호 기차는 점심 무렵이 돼서야 고한역에 도착했다. 무더운 여름이 물러가고 가을의 문턱에 서 있는 9월이지만, 때 이른 추위가 느껴졌다. 역에서 10여분 정도 걸어가다 보면 탄광 마을의 작은 골목길을 마주하게 된다.

고한 18번가라 불리는 이곳은 최근 여러 매체를 통해 '18번가의 기적', '국내 최초의 마을호텔', '폐광지 도시재생의 미래' 등으로 소개되며 주목받고 있는 곳이다. 다만 처음 마주한 풍경은 부푼 기대와 달리 어느 동네를 가든 만날 수 있는 흔한 동네골목길 모습이었다. 하지만 마을 주민들의 이야기를 들어보니 불과 2년 전 골목길의 모습을 기억하는 사람이라면 지금의 모습만으로도 깜짝 놀란다고 한다.

18번가의 기적은 골목길의 모습만으로는 설명하기 어렵다. 진짜 기적은 고한 18리가 그동안 걸어온 길에서 마주한 마을과 마을 사람들의 변화하는 모습에서 살펴볼 수 있다.

강원도 정선군에 위치한 고한읍은 태백산맥으로 형성된 함백산과 백운산으로 둘러싸여 있는 전형적인 산간지역이다. 탄광 마을로 개발되기 전까지 화전민[01]의 처소로 약 780호 정도가 모여 살던 작은 산촌마을이었다.

박정희 정부가 들어선 이후 신흥 탄광 도시로 개발되면서 고한읍에는 국내 최대의 민영 탄광인 '삼척탄좌 정암광업소'가 문을 열었다. 사북 동원탄좌와 함께 석탄 산업을 이끌게 되면서 고한과 사북은 전국

평일 낮 한적하고 조용했던 고한 18번가의 골목길 전경. 나지막한 건물들의 높이가 편안한 풍경을 만든다.©김희수

팔도에서 몰려든 사람들로 넘쳐났다. 1980년대 초에는 인구가 5만 명 이상으로 급증했다. 당시 인근 속초시 인구가 7만여 명인 것을 감안하면 얼마나 급속한 성장세를 보여주었는지 알 수 있다.[02] 지역경제는 호황을 맞았고 "개도 만 원짜리를 물고 다닌다."는 유행어도 이맘때 생겨났다. 이 중 고한 18리는 고한파출소가 마을초입에 있어 예부터 '지서골목' 또는 '아랫시장'이라 불리던 잘 나가는 상업 지역이었다.

까만 탄광촌에서 하얀 관광도시로

하지만 얼마가지 않아 급속한 국가경제발전과 국민소득 수준의 향상으로 '성장시대의 땔감'이던 연탄은 빠른 속도로 밀려 나가게 된다. 깨끗하고 편리한 석유와 가스를 선호하게 된 것이다. 급기야 1989년부터 시행된 '석탄산업 합리화 정책'으로 탄광들이 잇따라 폐광되면서 고한읍은 급격한 위기를 맞이하게 된다. 이는 5만여 명에 달하던 지역인구가 정책 시행 3년만인 1993년 2만여 명까지 급감한 것을 보면 알 수 있다.

이후 1995년 '폐광특별법'[03] 제정과 함께 대체사업을 요구했던 지역 주민의 요구를 받아들인 정부는 '강원랜드'를 설립하게 된다. 고한읍과 불과 2킬로미터 남짓 떨어진 가까운 곳이다. 내국인카지노의 독점권 운영을 바탕으로 스키장, 골프장, 워터파크, 호텔 등을 갖춘 '하이원리조트'가 들어서면서 연간 600만 명이 방문하는 대표적인 관광지로 변모하게 된 것이다. 이로 인해 지역경기는 잠시 회복세를 보였으나 온전한 지역발전으로 이어지지 못했다.

마을 앞산인 백운산 자락에 자리 잡은 리조트단지의 화려한 불빛이 칠흙 같은 겨울 밤하늘마저 눈부시게 밝혔지만, 우리 마을의 모습은 여전히 초라했어요. 오히려 빛과 그림자처럼 극명한 대비를 이루는 것 같아 상대적 박탈감마저 느끼게 했죠.

_ 김진용 · 하늘기획 대표, 마을호텔18번가 협동조합 상임이사

지난 20년간 폐광지역에 투입된 자금은 무려 5조원이 넘는다. 우수한 문화관광 콘텐츠와 인프라가 조성되었지만, 마을엔 갈수록 빈집이 늘어났고 인구가 줄어들고 있었다. 사람들은 그 많은 돈이 다 어디로 갔냐고 묻는다. 그렇게 고한 18리는 과거 화려했던 모습을 뒤로하고 산업 일꾼인 광부들이 즐겨 찾던 고한시장과 허름한 여관방, 닫혀 있는 유흥주점, 식당 등이 마을을 지키고 있었다. 카지노와 함께 들어선 도

박 관련 상권은 주민들의 주거여건을 더욱 열악하게 만들었고, 공·폐가와 주인 없는 장기주차 차량으로 인한 슬럼화도 문제였다.

당시 사람들은 깨달았다고 한다. 단순히 힘 있는 기관이나 특정기업 혹은 자본만으로는 지역을 살릴 수 없다는 것을 말이다. 여전히 마을에는 사람이 없었다.

왜 '18번가'일까?

골목길의 변화가 마을의 변화로

변화의 시작은 어느 날 갑자기 우연처럼 일어났다. 2017년 10월의 일이다. 마을 토박이 편집디자이너 김진용 대표가 운영하던 '하늘기획' 사무실이 골목길 내 빈집을 수리해 이전하게 된다. 김진용 대표는 한때 주민들을 대상으로 다양한 교육 사업을 진행한 경험이 있다. 그러나 교육만으로는 사람도, 마을도 쉽게 변하지 않는다는 사실을 알게 된 뒤, 직접 마을 안에 들어가 하나씩 변화의 지점을 만들어 가겠다고 결심했다.

'하늘기획'이 이전하고 얼마 되지 않아 '강원도 공간재생사업'에 선정된 '이음플랫폼'이 18번가 골목에 입주했다. 이 건물 역시 5년 동안 비어 있던 폐가나 다름없는 빈집이었다. 적당한 공간을 찾고 있던 사북 청년들에게 빈집이 많은 고한으로 오라는 제안으로 벌어진 일이었다.

불과 서너 달 사이에 마주보는 두 빈집이 드라마틱하게 변하자, 주민들 사이에서도 술렁거림과 묘한 기대감이 생겼다. 때마침 첫 여성 이장으로 선출된 유영자 이장도 변화의 중심에 있었다. 25년 동안 골목에서 '초원식당'이라는 가게를 운영했던 유영자 이장은 항상 마을이 더 살기 좋은 마을로 변화되길 바라는 마음이 컸다고 한다.

그렇게 변화를 꿈꾸던 두 사람은 2018년 1월 '18번가 마을만들기위원회'를 만들게 된다. 처음에는 어디서부터 어떻게 시작하는 게 좋을지 몰라 막막했다고 한다. 당시 예산도, 행정의 도움도 없던 터라 "할 수 있는 일부터 시작해보자."는 생각으로 골목길 청소부터 시작했다.

시장과 가까운 상업지역이다 보니 골목은 늘 지저분했다. 먼저 주민들에게 쓰레기 버리는 날을 지정해 지키도록 했다. '수(水)'자에서 착안해 매주 수요일을 클린데이로 정했다. 이 날은 마음이 맞는 마을사람들 10명 정도가 모여 약 450m 구간을 돌면서 쓰레기를 주웠다. 3개월 정도가 지나자 더 이상 할 일이 없어졌다. 왜냐면 동네사람들이 하나 둘씩 미안한 마음에 본인 집 앞을 청소했기 때문이다. 흔히 청소는 사소한 일이라고 할 수 있다. 그러나 사소한 노력의 힘은 컸다. 더러울 때는 몰랐던 집 앞 골목길이 깨끗해지자 욕심이 생겨났다. 마을이 보다 더 예뻐지길 바라게 된 것이다.

18번가 골목길은 원래 일방통행 구간이었지만, 안내표시가 없다 보니 역주행 차량이 많아 주민들이 다니기에 위험했다. 지역작가의 도움을 받아 일방통행 표시를 몇 군데 그려 넣으니 역주행 차량이 현저히 줄어들었다. 이 밖에도 마을의 경관을 훼손하는 어지러운 전선줄을 정비했다. 무려 두 달 동안 각 통신회사별로 철거를 요청한 결과였다. 더 나아가 내 집 앞은 아니지만 다같이 아담한 마을정원도 만들었다. 정원에 심을 식물은 마을별로 나눠주려고 읍에서 구입한 꽃모종을 활용했다. 당시 읍 관계자 이야기를 들어보니 다른 마을에선 직접 심기 귀찮

아서 가져가지 않다보니 골칫거리였다고 한다. 얼마 전까지만 해도 우리도 다른 마을과 크게 다르지 않았을 거라는 생각이 들었다고 한다.

주민 스스로 자신이 할 수 있는 일부터 하나씩 해나가다 보니, 내 삶터를 보다 깨끗하고 예쁘게 가꾸는 일에 거창한 사업이 필요하지 않다는 걸 자연스럽게 알게 됐죠.

_ 유영자 · 고한 18리 이장

골목길이 깨끗해지고 예뻐지자 아이들이 먼저 뛰어 나왔다. 몇 안 되는 아이들의 웃음소리가 좁은 골목길을 채우니 활기가 느껴지기 시작했다. 시골 마을이라고 해도 요즘 아파트 단지와 별반 다를 게 없다. 불과 몇 개월 전까지만 해도 데면데면하던 이웃들이 함께 일하다보니 어느새 끈끈한 공감대를 형성하고 있었다. 누군가는 행정에 도움을 요청하지 그랬냐고 물어볼 수 있다. 아쉽게도 당시 초기만 해도 주민과 행정 간에 신뢰가 없었다. 매번 일을 진행하는 과정에서 행정 혹은 '강원랜드'가 관여하려고 하면 민원이 발생하거나 싸움이 일어났기 때문이다.

주민들은 점점 하고 싶은 일은 많아졌으나 예산이나 전문성이 턱없이 부족했다. 무엇보다 마을에는 오래되고 낡은 집들이 너무 많았다. 2018년 총 10개의 노후주택을 바꿔보자는 계획을 세웠다. 요즘 흔히들 말하는 DIY 방식으로 외관이라도 바꿔보자는 생각에 무작정 저질러 본 것이다. 일단 마음 맞는 주민들끼리 십시일반으로 재료비 300만원 정도를 모았고, 가장 시급한 '정씨 할머니'집을 선택했다.

마음이 앞선 결과였을까. 고단한 작업의 연속이었다. 외벽만 리모델링하는 데 무려 한 달이나 걸렸다. 건축을 해 본적 없는 주민들 입장에서는 당연한 일이었다. 주민들의 힘만으로는 골목 전체를 바꾸기가 쉽지 않았다. 여러 기관에 도움을 요청했지만 상황은 여의치 않았고, 이대로라면 계획한 바가 물거품이 될 수도 있었다.

"하늘은 스스로 돕는 자를 돕는다."는 말처럼. 주민들에게 도움의 손길을 건넨 사람이 생겼다. 바로 지근배 고한읍장이다. 읍장은 당시 대규모 지역개발사업을 추진 중이었으나, 마을경관개선 분야에서 주민의 협력이 부족해 어려움을 겪고 있었다. 서로의 부족한 부분을 채울 수 있다고 생각한 고한읍과 18번가는 협업하기로 했다. 읍장은 한집당 4~5백만 원 정도의 재료비와 인건비를 지원해 주기로 했다. 처음 행정과 신뢰를 바탕으로 관계를 맺기 시작한 시점이라고 할 수 있다.

주민들이 움직이지 않으면 마을 만들기 시작이 안 된다. 근데 또 주민들만으로는 한계가 있다. 일이 진행되기 위해서는 계획과 예산이 필요하다. 예산은 행정에 있고, 집행은 주민이 하는 것이다. 왜냐면 행정은 마을에서 무엇이 필요한지 세세한 부분까지 알기 힘들다. 신뢰를 바탕으로 행정과 주민이 결합되어야 한다. 이것은 공식화 될 수 있다.

_ 김진용 · 하늘기획 대표, 마을호텔18번가 협동조합 상임이사

탄력을 받게 된 주민들은 한 채 한 채 바꿔나가기 시작했다. 해당 집주인은 아이디어를 내거나 자원봉사자에게 식사를 대접하는 등 일

부분 기여하는 것을 원칙으로 했다. 우유집 노부부의 집은 따뜻하고 화사한 노란색으로. 3대가 함께 사는 어느 집은 할머니이 원색을 좋아하셔서 진한 핑크색을 사용했다고 한다.

나는 옷도 원색만 입으니까, 우리집 색은 진한 핑크색으로 해줘야 돼.
_ 3대가 함께 사는 할머니

그렇게 계획했던 총 10채의 노후주택의 외관을 바꿨다. 단순히 건물과 마을 외관만 예쁘게 만드는 것이 아니었다. 주민의 마음에도 변화의 바람이 불어오고 있었다. 달라진 내 집에 대한 자부심이, 누군가의 도움을 받았다는 생각이, 이후 마을사업을 진행하는 과정에서 긍정적인 태도를 이끌어내는데 중요한 역할을 하였다.

18번가 골목 강의실

마을 만들기를 시작하자 모일 기회가 많아졌다. '마을재생'에 대해 직접 보고 듣고 배우며 서로 소통하기 위해서다. 처음에는 대부분의 사람들이 마을이 발전하는 것을 '철거와 재개발'로 이해했다고 한다. 뭐든 큰 돈 들여 부수고 새로 지으면 좋다는 생각 때문이었다. 하지만 선진지 견학으로 서울 도심의 핫 플레이스라고 불리는 연남동, 경리단길, 성수동을 가보니 주민들의 예상과는 크게 달랐다. 골목길 풍경이 우리와 크게 다르지 않은 것이다. 큰 돈 들이지 않고 우리 마을만의 개성을 찾는 것이 중요하다는 사실을 깨닫는 순간이었다.

이처럼 주민들 모두 배움과 소통의 장은 소중했고 그만큼 필요했다. 이에 정선군의 대표적인 지역사회단체인 '지역살리기 공동추진위원회(이하 공추위)'에 협조를 요청했다. 공추위는 2007년부터 지금까지 장수 주민교육 프로그램인 '지역아카데미'를 운영하고 있었다. 진행에 필요한 비용을 지원해주는 대신 전체 프로그램 계획과 실행은 전적으로 마을에서 맡아 진행했다. 18번가의 상황에 맞게 강연일정을 정리하고 강사진을 구성하게 한 것이다.

무엇보다 진행 장소에 대한 고민이 컸다. 18번가엔 그 흔한 마을회관이나 경로당이 하나도 없었기 때문이다. 일단 주민들이 쉽게 모일 수 있어야 했다. 궁여지책으로 생각해낸 것이 골목길에서 아카데미를 하자는 것이었다. 강연을 한다고 골목길을 따로 막지도 않았다. 아마 세상에서 가장 어수선한 강의실이지 않았을까. 골목길에서 진행하다보니 오고가며 지나가는 동네 주민도, 외부인들에게도 흥미를 끌기에 충분했다.

무더웠던 8월 어느 여름밤에는 마을 사람들끼리 '치맥'을 즐기며 이야기꽃을 피웠다. 중국집 형님은 탕수육을, 순두부집 사장님은 두부김치를 안주로 들고 나왔다. 엄마, 아빠를 따라 나온 동네 꼬마들은 강사님 말씀 중에 옷깃을 잡고 "아저씨, 지금 뭐하세요?"라고 묻기도 했다. 예상치 못한 순간들이 많았지만, 모두에게 추억이 되고 이야깃거리로 남았다. 어느새 강의 보다는 주민들이 부담 없이 만나서 즐기는 것이 목표가 된 것이다.

강의만 듣는 것은 아니었다. 마을부녀회에서는 공예교실을 열어달라고 했다. 엄마들이 나서서 직접 마을을 아기자기하게 꾸며보고 싶다고 했다. 지역아카데미에서 강사비를 지원하고 마을에서 재료비를

골목길을 걷다 보면 곳곳에 아기자기한 작품을 볼 수 있다. 오른쪽 작품은 '달'을 표현한 작품이다. ©김희수

부담했다. 마을공방은 하늘기획 작업실에서 이뤄졌고, 폐타이어나 산에서 직접 주어온 솔방울, 나무 열매, 빈 페인트 통 등을 활용했다. 그렇게 탄생한 아기자기한 작품들은 현재 마을 곳곳에 숨겨져 있다고 하니 잘 살펴보시길 바란다.

2018년 12월에는 드디어 18번가에도 첫 마을회관이 생겼다. 2층짜리 건물로 '고한로타리클럽'은 한 달에 한두 번만 사용하는 건물이다. 최근 마을에서 함께 모일 수 있는 공간이 필요하다는 것을 알고, 1층 회의실을 마을이 사용할 수 있도록 해준 것이다. 고한로타리클럽은 3년 동안 무상임대를 해주고, 리모델링 예산은 정선군 도시재생 지원센터가 지원했다. 그리고 마을에서는 유지관리 및 운영을 한다는 내용으로 상생협약을 체결했다.

흔히들 마을회관이라고 하면 태극기가 달린 네모반듯한 건물에 마을 어르신들만 있는 공간을 떠올리게 된다. 그러나 고한 18번가는

방문객들에게는 세미나 룸으로 활용가능한 곳으로, 내부는 아늑하고 볼거리가 많아 머무르고 싶던 고한 18번가 마을회관 내부전경이다. ©김희수

외관부터가 남다르다. 처음 개관할 당시 카페인 줄 알고 들어오는 분들도 많았다고 한다. 이유는 간단하다. 주민들이 처음부터 건물의 외관과 내부 디자인에 참여했기 때문이다.

'마을회관을 카페처럼 만들어보자.'는 생각이었다. 18번가 아낙네들의 공예교실이자, 각종 마을회의 및 워크숍, 교육프로그램 진행이 가능하도록 시설물을 배치했다. 그래서인지 지금까지도 주민들에게 활용도가 가장 높고, 애정 가득한 공간이 되었다.

공간 내·외부에는 방문객들을 위해서 주민들이 손수 준비한 아기자기한 기념품들이 배치되어 있다. 따로 상주하는 직원이 있는 게 아닌지라 상품을 구매하기 위해서는 기다림이 필요했다. 당시 작은 다육이 화분 2개를 사고 싶었던 나는 맞은 편 집에서 나온 동네 꼬맹이에게 "어떻게 살 수 있는지"를 물었다. 꼬맹이는 엄마를 불렀고. 18번가의 아낙네 분들 중 한 명이었던 아주머니가 반가운 인사와 함께 정성스럽게 상품을 포장해주었다.

변화의 바람이 불었던 탓일까. 마을회관 옆에는 사진관이 생겼다. 그것도 20대 젊은 친구가 주인이다. 단연 눈길을 끌 수밖에 없었다. 이혜진 사진작가는 서울에서의 직장생활을 그만두고 잠시 쉬려고 고향에 내려왔다가 18번가와 인연을 맺게 된다. 당시 전공이 사진은 아니었지만, 어릴 때 우연히 접해서 시작한 사진공부를 진지하게 해보려던 참이었다. '강원랜드'에서 알바를 하던 중 여행공모전에 '탄광의 흔적을 찾아서, 탄광에 핀 꽃'이란 주제로 참가도 했었는데 덜컥 입상을 했다고 한다.

때마침 마을에서는 지역작가에게 전시기회를 주는 대신, 골목길에 볼거리를 만들어보자는 아이디어가 나왔다. 김진용 대표는 바로 이혜진 사진작가를 떠올렸다. 두 사람은 어릴 때부터 봐오던 삼촌과 조카 같은 사이였다. 그렇게 마을회관에서 '탄광촌의 빛과 그림자'라는 제목으로 사라져가는 지역의 옛 모습을 담아 사진전을 열게 된다.

김진용 대표는 이혜진 작가를 만난 뒤부터 '18번가에 와서 꿈꾸던 사진관을 차려보라'고 열심히 설득했다고 한다. 마을에서는 좀처럼 찾아보기 힘든 젊은 청년이다 보니 더욱 그랬다. 뜻은 통했고, 서로 합심해 '강원도 폐·공가 공간재생사업'에 응모해 선정된다. 공간은 동네슈퍼를 하시던 할머니가 돌아가신 후 5년 동안 빈집으로 방치된 곳을 활용했다. 사진관 이름은 '들꽃사진관'이다.

들꽃사진관 외부전경. 창가에 붙여진 스냅사진과 아기자기한 화분이 사진관 풍경을 만들고 있다. ©김희수

탄광의 흔적 속에서 오롯이 피어나는 저 들꽃처럼 사라져가는 탄광을 기록하고, 우리의 가족과 마을의 이야기를 잘 담아내어 기록될 아름다운 사진들을 여러분과 함께 만들어가고 싶습니다. 내일보다 젊은 오늘의 청춘을 담아낼 들꽃사진관으로 오세요.

_ 이혜진 · 사진작가, 들꽃사진관 대표

그 뒤로도 이혜진 작가는 꾸준히 18번가의 변화를 외부에 알리며 같이 성장하고 있는 중이다. 따뜻한 글귀 때문인지 들꽃사진관은 항상 주민과 관광객들로 붐빈다. 이는 가게 유리창과 벽에 붙은 수많은 사진들이 말해주고 있었다. 마을에 사진관이 생기자 주민들은 멀리 안 가서 좋다며 가족사진을 찍으러 왔다. 외부 관광객들한테는 고한 18번가에서만 찍을 수 있는 일명 '고한 골목사진'이 인기다.

나도 태어나서 처음으로 홀로 스냅사진을 찍어봤다. '오늘의 이 순간을 즐기고 있는 행복한 모습을 담아준다.'는 문구가 마음에 들었다. 찍히는 순간의 어색함도 잠시일 뿐, 또래 사진작가와 이런저런 이야기를 하다 보니 근사한 사진이 나왔다. 과한 보정은 해주지 않은 덕인지, 자연스러움이 묻어나는 것 같아 마음에 들었다.

골목길을 꽃으로 물들이다

고한 18번가는 골목길의 변화를 마을의 변화로 이끌어가고 있었다. 작은 성공의 경험들이 쌓이자 주민들은 자신감이 생기기 시작했다. 이 모습을 지켜본 지근배 고한읍장은 2018년 말 아이디어를 하나 제안한다. 사업이 아닌, 국내 최초 주민주도로 정원박람회를 개최해보자는 것이다.

예를 들면 못생기고 뚱뚱했던 사람이 열심히 노력해서 다이어트에 성공한 거죠. 지긋지긋한 콤플렉스가 없어지니, 스스로에 대한 만족감은 날로 커져갔어요. 그동안 못해본 예쁜 옷도 입어보고 싶고, 악세사리로 꾸며보고 싶은 마음이었던 거죠. 생각해보면 정원박람회가 예쁜 옷이자 악세사리였던 거 같아요.

_ 김진용 · 하늘기획 대표, 마을호텔18번가 협동조합 상임이사

예산은 걱정하지 말고, 기획과 집행을 마을에서 해달라고 했다. 보통 정원박람회는 시유지 같은 광장에서 진행된다. 작가들이 작품을

출품해 전시 및 콘테스트 형식으로 진행한 뒤 철거하는 방식이다. 반면 이번에는 주민이 직접 모든 것을 준비해야 했다. 무엇보다 기존의 틀에 벗어나는 이상 전문가의 도움이 필요했다.

김진용 사무국장은 관련 경험이 풍부한 세눈컴퍼니의 김용일 대표를 고한골목길정원박람회 총감독으로 추천했다. 두 사람을 중심으로 행정, 주민대표, 전문가 등이 모여 사무국을 꾸린 가운데 대상 범위는 18번가를 포함한 5개 마을로 확대됐다. 하지만 진행과정에서 주민주도 경험이 부족했던 나머지 4개 마을은 여러 가지 문제와 어려움을 겪어야 했다. 정원박람회의 핵심 전시물인 꽃과 식물들의 경우 지속적인 관리가 필요했지만, 물을 주지 않아 말라죽거나 누군가에게 도난당하기도 했다. 그래서 처음부터 적극적인 참여와 관리를 조건으로 주민참여 신청서를 받고 수차례 설명회를 열었다. 하지만 머리로 아는 것과 몸으로 실천하는 일은 많이 다른 듯했다.

박람회 주최 측이 꽃과 식물, 화분 거치대 등을 제공했다. 주민들은 생활 속에서 사용했던 다양한 소품들을 꺼내와 화분으로 재탄생시켰다. 주민이 골목정원사가 된 것이다. 아마추어가 만든 것 같기도 한 풋풋한 골목길 정원이 그렇게 만들어졌다. 비록 영구적인 시설물은 아니었지만, 주민들 스스로의 능력이 닿는 범위 안에서 아이디어를 실현시키고자 했다.

2019년 7월, '2019 고한 골목길 정원박람회'가 열렸다. 행사 기간 중 다양한 프로그램들은 재미를 더했다. 특히 스마트폰으로 벽면에 붙은 QR코드를 찍으면 집집마다 얽힌 사연을 보고 들을 수 있는데, 오래된 골목길에 담긴 이야기를 최첨단 시스템으로 구현하는 방식은 신

고한 18번가 어느 가게 앞 풍경. 다양한 화분과 아기자기한 소품을 활용한 작품들이 눈길을 끈다. ©김희수

선했다.

뜨거운 반응 덕분인지, 일회성 이벤트였던 정원박람회는 2020년 8월에 2회를 맞았다. 핵심 컨셉은 '내가 만드는 생활정원'이다. 작은 화분을 직접 만드는 체험, 돗자리 영화관, 야생화 음악회 등을 준비했다. 그러나 코로나19 여파로 행사가 취소된 탓에 준비한 것들을 온전히 보여주지 못해 아쉬움이 컸다고 한다.

2021년 8월부터 10월까지는 코로나19를 슬기롭게 극복하고 일상으로 돌아가는 계기를 마련해주고자 '일상으로의 초대'라는 제3회 고한 골목길 정원박람회를 개최했다. 직접 가보니 아기자기한 작품들이 눈길을 끌기에 충분했다. 손님을 맞이하는 식당과 가게는 물론 일반

고한 18번가 어느 집 앞 풍경. 화사한 핑크빛 벽면과 함께 알록달록 꽃들이 어울려 거리에 활력을 준다. ©김희수

주택의 화단과 벽면도 꽃향기 가득한 정원으로 변신해 있었다. 이제 마을 주민들에게 정원박람회는 각자의 이야기 거리를 만들어가며, 행복한 추억을 즐길 수 있는 박람회로 자리 잡고 있다.

불과 2년 전까지만 해도 18번가는 아무도 모르는 소외된 동네였다. 골목길엔 버려진 쓰레기들이 나뒹굴고, 해만 넘어가면 어둡고 무서워서 주민들은 큰길로 피해 다녔다. 그랬던 골목길이 이제는 사람들의 발길을 잡으며 일부러 찾아오게 하고 있다.

그 무엇보다 중요한 건, 누군가가 대신 이 일을 해준 게 아니라 주민 손으로 직접 해냈다는 것이다. 사람들이 "왜 18리가 아닌, 18번가라고 불리는지" 묻는다. 처음에는 단순히 가장 좋아하고 잘하는 무엇인가를 뜻하는 '18번'이라는 숫자에 골목을 뜻하는 '번가'를 조합했다고 한다. 지금 생각해보면 가장 좋아하고 잘하는 무엇인가가 '주민 스스로 마을을 변화시킨 힘'을 뜻하는 것 같다.

18번가의 기적, 마을호텔 탄생

호텔리어를 꿈꾸는 마을 주민들

18번가의 기적은 마을자원을 잘 활용했기에 단기간에 많은 성과를 낼 수 있었다. 새로운 것을 만드는 일은 많은 예산이 필요하고 이로 인한 부작용이 생기기 마련이지만, 기존의 자원을 마을로 끌어들이거나 활용하는 일은 훨씬 수월했기 때문이다.

18번가의 목표는 주민들이 살고 싶은 마을이자, 관광객들이 보다 많이 찾아올 수 있을 만큼 매력적인 마을을 만드는 것이다. 그러나 마을이 조금 밝고 깨끗해진다고 해서 앞으로도 사람들이 찾아올까 라는 의문이 생기기 시작했다. 그래서 고민했다고 한다. '지금처럼 주민이 주도하는 지속가능한 마을발전 모델을 만들 수는 없을까?'

고민 끝에 내린 답은 마을을 호텔로 만들어보자는 것이었다. 지역아카데미를 진행하면서 나온 아이디어였다. 당시 예술자문을 맡았던 영화제작소 '눈'의 강경환 대표가 마을자원을 활용한 지속가능한 수익모델로 마을호텔 아이디어를 냈고, 사회적 기업 '세눈컴퍼니'의 김용일 대표와 김진용 대표가 아이디어를 구체화했다.

처음에는 고한 18번가 골목길을 따라 숙박시설과 식당·카페·세탁소 등 다양한 업종이 한데 모여 있는 것에 주목했다고 한다.

마을호텔18번가 외부 전경. 단연 눈길을 끄는 것은 마을호텔18번가 로고의 독특한 글자체였다. 이는 글씨예술가 강병인 작가의 작품으로 골목 곳곳에서 건물 분위기와 묘하게 조화를 이루고 있다. ©김희수

마을호텔은 하나의 플랫폼이다. 마을호텔18번가를 중심으로 기존 커피숍, 사진관, 세탁소, 식당 등의 상가들을 결합해 하나의 호텔처럼 만들고 싶었다. 그렇게 된다면 자연스럽게 주민들에게 이익이 돌아가는 지속가능한 경제모델이 될 수 있을 것 같았다.

_ 김진용 · 하늘기획 대표, 마을호텔18번가 협동조합 상임이사

일반적인 호텔은 하나의 건물에 숙박은 물론 다양한 서비스를 제공한다. 그러나 여기서 말하는 마을호텔은 새로 '짓는' 호텔이 아닌 '구성'하는 호텔이다. 기존 마을에 있던 중식당, 카페, 세탁소, 사진관 등을 하나로 묶어 '호텔화'하는 것이다. 무엇보다 주민들이 중심이 되고, 주민들에게 이익이 가는 구조를 만들고 싶었다.

'18번가 마을만들기위원회'는 재원을 확보하기 위해 국토부의 소

마을호텔과 연결되는 카페 수작에서 뒷문을 열고 나오면 마주하게 되는 골목정원 전경이다. 멋진 벽화를 배경으로 사진 찍기에 좋은 곳이다. ©김희수

규모 뉴딜사업 공모에 참여해 선정됨에 따라 총 2억 원을 확보하게 된다. 현재 마을호텔 1호점은 마을호텔18번가를 운영하기 위한 기본 인프라이자, 유영자 이장이 5년 무상임대를 내놓은 건물을 리모델링한 것이다.

이 밖에도 마을호텔 바로 옆에는 '카페 수작'과 작은 '골목정원'이 생겨났다. '카페 수작'은 강원도에서 추진하고 있는 '공간재생사업'에 선정됨에 따라 지어졌다. 마을부녀회를 중심으로 진행해 왔던 공예수업을 사업으로 활성화시키기 위한 고민이 구체화된 것이다. 현재 마을호텔18번가 투숙객에게 아침 조식을 제공하는 장소이자 주민들에게 18번가의 명소로 사랑받고 있다.

마을 내 폐·공가 2곳은 골목정원으로 변신했다. 10년 이상 사람이 살지 않은 곳으로 집주인 동의를 얻어 주민이 사용할 수 있는 골목

정원으로 만들기로 한 것이다. 폐가옥 철거는 고한읍에 요청하고 정원 조성은 정선군 '도시재생 지원센터'에서 도와줬다.

마을호텔18번가 협동조합 설립

그동안 여러 계획을 수립하는 과정에서 몇 차례 조직들이 와해되는 과정을 거쳤다. 초기 마을만들기위원회는 마을의 이장과 반장이 주축을 이루고 외부전문가인 지역화가, 디자이너 등 총 24명으로 구성되어 시작됐다. 그러나 일을 진행하는 과정에서 자연스럽게 실제 움직이는 사람만이 남게 된 것이다.

마을호텔은 하나의 지속가능한 비즈니스 모델이다. 단순히 공간을 만드는 것이 중요한 것이 아니라, 그것을 운영할 수 있는 역량을 갖추는 게 중요했다. 무엇보다 이 동네에 사는 지역 주민이 대상이었다.

마을호텔18번가 협동조합을 만들었다. 11명의 개인가게 소유 사장님들이 조합원이다. 그 이유는 간단하다. 우리는 하나의 비즈니스 모델이기에 호텔투숙객을 대상으로 서비스를 제공할 수 있는 사람이 주축이 되어야 했다. 그 외의 경우 조합원이 아닌 회원조합 형태로 운영된다.

_ 김진용 · 하늘기획 대표, 마을호텔18번가 협동조합 상임이사

동네에는 20~30년 동안 어려운 시기에도 이겨냈을 만큼 개인 역량과 경쟁력이 있는 가게사장님들이 많았다. 경영자 마인드가 있고 마을호텔 운영에 역량이 있는 사람들이 '마을호텔18번가 협동조합원'으

고한 18번가의 대표 맛집 '구공탄구이' 정문에 붙어 있던 간판. 마을호텔18번가 협동조합원의 공동브랜드라는 것을 보여준다. ©김희수

로 구성되었다. 실제 운영은 객실만 직영하는 형태이다. 나머지 해당 가게들은 공용브랜드와 패키지를 사용하며 호텔투숙객에게 10% 할인 서비스를 해주는 협업구조이다.

협동조합에서는 객실 관리를 담당하는 유영자 이장과 예약 및 홍보를 담당하는 여성 인턴으로 총 2명을 채용했다. 현재 호텔 수익으로 인건비, 관리비를 제외하면 남는 것이 많지 않다. 대안으로 사회적 경제 청년 및 여성인턴 제도를 활용함에 따라 몇 년 동안은 인건비와 임대료가 부담 없는 구조를 만들었다.

또한 현재 발생하고 있는 '수익금은 철저하게 분배하지 않는다.'는 원칙을 가지고 있다. 사회적 경제조직인 협동조합은 기본적으로 배당이 불가하다. 초기 조합원이 100만 원씩 출자했고, 정관에는 10만 원 이상 배당금을 줄 수 없게 되어있다. 앞으로 10년이 걸려야 출자금을 회수할 수 있는 것이다. 따라서 수익금 같은 경우, 어느 정도 모이게 되면 마을호텔 2호점 개관과 지속적인 서비스 교육, 품질 제고를 위한 전문가 초빙 교육 등으로 활용할 예정이다.

국내 1호 마을호텔 탄생, 그 이후

고한 18번가는 도시재생과 지역 활성화 관련 각종 전국대회에서 수상하며 18번가의 위상을 높였다. '2018 강원 주민자치대상 우수상'을 시작으로 '2018 균형발전박람회 사회적경제 지역혁신대회 최고인기상' '2019 지역 골목상권 활성화 우수사례 행정안전부 장관상', '2019 대한민국 심포지엄 국토교통부 장관상' 등 상복이 넘쳐났다.

전국대회 수상으로 마을호텔이 알려지면서 각종 언론사의 취재와 보도로 이어졌다. 2019년 8월에는 KBS 다큐공감에서 '18번가의 마을 만들기 과정'이 소개되기도 했다. 덕분에 마을에서는 별도로 홍보 마케팅을 하지 않아도 관광객들이 찾아올 수 있었다.

실제 2020년 5월 오픈해보니 장사가 너무 잘됐다고 한다. 마을호텔 내에는 총 3개의 객실이 준비되어있다. 주말뿐만 아니라 평일에도 객실 모두를 운영하게 되면 예상 매출액이 총 1,100만 원이다. 그런데 그 해 8월에만 총 700만 원을 달성했다. 무려 예상 매출액의 70%까지 달성한 것이다. 보통 숙박업의 경우, 2~3년을 운영해야 손익분기점을 달성한다는 점에서 빠른 시간 내 극복이 가능했다고 할 수 있다. 물론 코로나19 여파로 예약이 취소되는 경우가 많아 어려움은 있었다고 한다.

마을호텔 이용객의 특성으로는 약 70%는 수도권에 거주하는 40~50대 중심의 가족 단위가 많았다. 다음으로 20대, 30대, 60대 순

골목정원 외부전경 ©김진용

제3회 정원박람회 준비 모습 ©김진용

이다. 무엇보다 40~50대 전문직 고소득자들이 선호했으며, 기존 호텔과의 차별성을 선택 이유로 꼽았다. 과거 하이원 리조트 중심의 국내관광이 점차 골목, 마을 여행으로 변화하는 데에서도 그 이유를 찾을 수 있다. 마을호텔18번가의 경우, 그 틈새만 노려도 충분히 운영이 가능할 거라 판단했다.

하이원리조트가 킬링콘텐츠가 되더라도, 같이 운영하는 과정에서 시너지가 발생할 수 있다. 여기는 블루오션으로 거기가 100명이면 마을호텔은 5~6명만으로도 꽉 찰 수 있기 때문이다.

_ 김진용 · 하늘기획 대표, 마을호텔18번가 협동조합 상임이사

그 밖에도 기타 지역의 조직들과 네트워크를 구축해 경쟁력을 확보하고자 했다.

대표적인 것은 삼탄아트마인과 하이원리조트다. 삼탄아트마인의 경우, 입장료 13,000원에서 50% 정도를 할인받을 수 있다. 하이원리조트는 곤도라, 스키장과 같은 부대시설이 많다 보니, 40% 할인을 받을 수 있게 협약을 체결했다.

_ 김진용 · 하늘기획 대표, 마을호텔18번가 협동조합 상임이사

2호점을 꿈꾸다

가끔 이런 상상을 해본다. 골목길 정원박람회를 보러 왔다가 근처 고한시장 먹거리 축제도 즐기고, 아이들은 추리게임에 빠져 열심히 골목길을 돌아다니기도 한다. 저녁엔 18번가 마을호텔에서 잠을 청하고 아침에 호텔에서 제공하는 조식을 먹고 난 후, 우리나라에서 가장 높은 고갯길을 차를 타고 올라 수려한 자연을 만끽한다. 내려오는 길에는 고즈넉한 천년고찰 정암사에 들릴 수도 있다. 마을호텔에서 추천하는 식당에서 점심을 먹고 하이원리조트 곤돌라를 타거나 삼탄아트마인을 관람할 수도 있다. 그런데 마을호텔 투숙객은 50% 할인을 받을 수 있다고 한다. VIP가 된 기분이다. 시간 여유가 있는 손님이라면 정선 오일장이나 레일바이크 또는 동강의 절경도 즐길 수 있을 것이다. 마을호텔의 인기는 그야말로 대박이 났다. 방을 찾는 손님들이 너무 많아 마을호텔 2호점, 3호점도 오픈했다.

_ 김진용 · 하늘기획 대표, 마을호텔18번가 협동조합 상임이사

초기에 마을호텔18번가가 꿈꾸는 미래의 모습이라고 한다. 가장 가까운 미래에 회원 영업점인 해오름민박을 2호점으로 만들고, 5년 안에 총

고한 18번가 옆 구공탄 시장 길가모습 ©김진용

10개를 만드는 것이 계획이었다. 그리고 2021년 마을호텔18번가는 바람대로 문을 연지 단 1년 만에 2호점 개점을 추진하고 있다. '2021년 폐광지역 주민창업기업 지원사업'에 선정되면서 마을호텔18번가 협동조합이 보조금 5천만 원과 자부담 1천만 원을 들여 2호점 개점에 나선 것이다. 2호점은 카지노 장기체류 고객이 줄어들면서 어려움을 겪어 온 해오름 민박이 리모델링을 통해 참여할 예정이다. 기존 1호점의 디자인 콘셉트와 운영 노하우를 그대로 적용하는 한편, 1호점 운영과정에서 도출된 다양한 고객의 니즈를 반영할 계획이라고 한다. 운영방식 또한 기존과 달라진다. 추후 생기는 마을호텔의 경우, 개인이 운영하도록 하고 협동조합에서 연계수수료 15%를 받기로 했다.

짧은 시간 동안 18번가는 기적에 가까운 변화를 이뤄냈다. 하나의 목표를 위해 모두가 힘을 모았기에 가능했다. 그 영향으로 카지노로 형성된 주변 숙박업 또한 변화에 대한 동참 의사를 표했고, 인근 주거지 중심의 17리와 구공탄 시장도 재생을 위한 노력에 함께 참여하고 있다. 무엇보다 주민 스스로 골목길을 가꾸고 참여하는 과정에서, 과거 남들에게 말하기 부끄러웠던 동네가 지금은 자랑거리이자 소개해주고 싶은 마을이 되었다는 점에서 그 의미가 크다.

도시재생은 주민이 주도해야만 성공할 수 있다. 하지만 현실적으로 결코 쉬운 일이 아니다. 주민은 사업예산도 없고 전문성도 부족하고 각자의 생업 때문에 시간 내기도 어려운 존재다. 그러다 보니 힘 있는 기관이 주도하게 되고 주민은 들러리나 방관자가 되기 일쑤다. 그러나 18번가 주민들은 일을 진행하는 과정에서 유관기관과 전문가들을 직접 찾아다니며 사업을 유치하거나 전문가를 모셔왔다. 그리고 주인으로서 손님에 대한 예의를 다했다. 힘 있는 기관, 전문가들과 협업하기란 쉽지 않지만, 주민이 주인으로서 역할을 다하는 마을이라면 기쁜 마음으로 함께 할 수 있을 것이다.

최근 전 세계적으로 코로나19로 힘든 상황이다. 앞으로 마을호텔 18번가에 얼마나 많은 관광객이 찾아올지, 주변 상가에 경제적인 파급효과는 어느 정도가 될지는 미지수다. 다만 지금까지 기업이나 행정 중심의 폐광지역 개발사업 한계에서 벗어나, 주민 스스로 마을재생사업을 한다는 것이 현실적으로 가능하다는 것을 보여주고 있다. 주민에 의한 '마을호텔'이 고한을 위한 '마을호텔18번가'로 변화하는 모습에 따뜻한 응원을 보내고 싶다.

고한 18번가 옆 구공탄 시장 ©김희수

Note

01 화전민(火田民)은 산에 불을 지펴 들풀과 잡목을 태운 뒤 그곳에다 농사를 짓는 화전 농업을 하는 사람을 의미한다.

02 정선군청, 2019, “정선군 지명지 정선읍・고한읍・사북읍”, p.207-208

03 폐광지역개발 지원에 관한 특별법은 석탄산업의 사양화로 낙후된 폐광지역의 경제를 진흥시켜 지역 간의 균형발전과 주민의 생활향상을 도모하기 위해 제정한 법이다.

Reference

01 김진용(2019), 「마을호텔18번가」, 하늘기획.

02 이태희(2018), 「2018 지역아카데미 18번가의 기적」, 고한・사북・남면・신동 지역살리기 공동추진위원회・(재)3.3기념사업회.

03 안덕초(2020), 1번가의 기적 ‘고한 마을호텔18번가’ 「자유마당」, 11(136), 한국자유총연맹, 67-70p.

04 정선군청(2019), 정선군 지명지 정선읍・고한읍・사북읍, 207-208p.

빈집을
머무르고 이어주는 공간으로

전주 별의별하우스

UOS 마을호텔탐험대 배주은 · 정지훈

별의별 하우스를 찾는 사람들은
여행을 위해 짧게 머물기도 하지만
종종 한 달, 1년 동안 머무는 사람도 있다.
이곳에 장기 투숙객이 많은 이유는 무엇일까?
여행객들의 숙소에서 정착이 시작되는 곳으로,
마을 사람들을 이어주는 장소로 진화하고 있는
별의별 하우스의 이야기를 따라가다 보면
지방 도시가 찾아야할 해답의 작은 힌트를 발견할 수 있다.

2019 대한민국 사회혁신 체인지메이커 수상

ⓒ고은설

노송동의 과거와 현재

견훤부터 일제강점기까지

전주의 노송동은 일제강점기까지 전라도의 행정 및 문화 중심지였으며, 지금은 전라북도의 중심지 역할을 담당하고 있다.

완산구 중노송동 인봉리[01]가 후백제 견훤이 세운 왕궁지로 주목받기 시작하면서 이 지역의 역사적 중요성이 재조명되었다. 또한 노송동 인근 전주 원도심은 전라감영과 전주부성이 있던 곳인데, 전라감영은 전라도 뿐 아니라 제주도까지 관할하였다. 1896년까지 전라감영이 전라남·북도 및 제주도를 통합하는 관청의 역할을 하다가 이후에는 일제의 관청으로 쓰이면서 청사의 많은 건물들이 해체되었다, 한국전쟁 당시 감영에 폭발이 일어나 선화당과 같은 주요 건물들이 소실되었고, 그 자리에 전라북도청사 의회와 경찰청사가 들어섰다. 이후 전라북도청사는 2005년까지 전라감영 터에 있다가 완산구 효자동 서부신시가지로 이전하였다. 전라북도청의 이전으로 비어있던 전라북도 구도청사는 2017년도부터 철거작업에 들어갔고 2020년 10월 구도청 부지에 전라감영을 복원하였다.

한편, 1907년 일제에 의해 호남선이 개통된 이후 전주와 호남선(이리역. 현재 익산역)을 연결하는 경편철도(輕便鐵道)[02]가 놓여졌다. 1914년 4월 전북경편철도회사에서 이리-전주간 철도부설 허가를 받아 그해 11월에 경편철도 영업을 개시하였으나, 1927년 일제 철도국에서 경편철도를 매수하여 국유화 하였다. 전주역은 지금의 태평동 전매청 자리에 있었고 1929년에 현 전주시청 자리로 이설되었다. 일제는

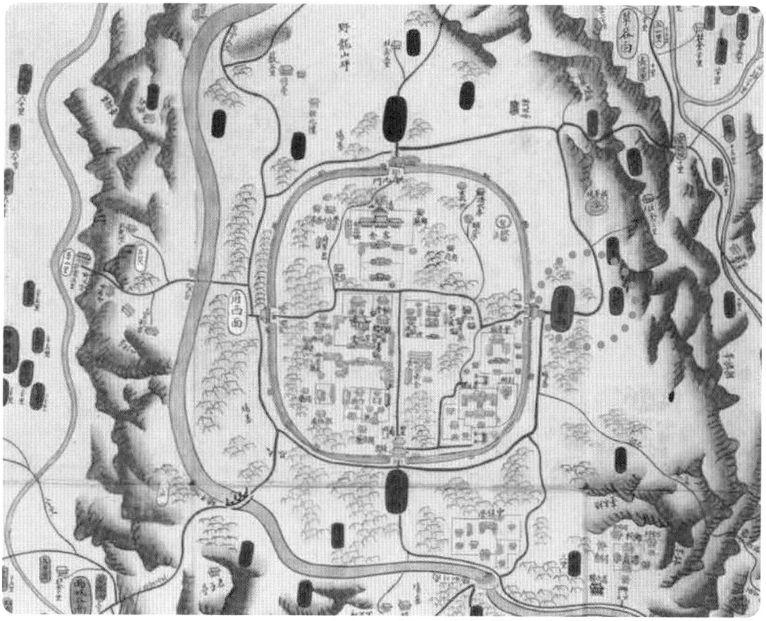

1872년 지방지도 「전주지도」의 전주부성 부분. 지도 중앙부의 장방형 성곽이 전주부성이며, 전주부성의 4대문과 객사, 관아, 경기전(부성 내 오른쪽 아래) 등이 보인다. 별의별 하우스가 위치한 노송동(주황색 점선)은 전주부성의 동문(완동문, 完東門) 바로 바깥에 있다. ⓒ서울대학교 규장각 한국학연구원

전주역 주변을 활성화하고자 전주부성 북문에서 역에 이르는 도로를 개설하였으며 이러한 정책에 힘입어 노송동은 1930년대 이후 번성하게 되었다.

노송동은 교육분야에서도 중요한 역할을 담당하였는데, 노송동 일대에 유독 오랫동안 존속되어온 공립학교가 많다. 일제강점기 일본인들이 전주 원도심 지역에 정착하고 학교를 세우려 했지만, 원도심 지역에 거주하는 전주 유지들이 땅을 팔지 않았기 때문에 노송동에 공립학교를 세웠다.[03]

이와 같이 노송동은 후삼국 시대부터 일제강점기까지 정치, 행정, 교육, 교통, 문화 중심지로써 전주역사의 한 축이 되는 공간이었다. 오랜세월에 걸쳐 형성된 주거지답게 과거에는 부자들도 많이 살았으며 전성기 시절에는 고급 주택도 어렵지 않게 찾아볼 수 있었다.

한국전쟁 이후 현재까지

한국전쟁 기간 노송동에는 피난민 수용소가 들어서 난민들을 수용하였다. 여기에 딸려온 사람들이 인근에 모여 피난민촌을 형성하였고 노송동 언덕배기에 판자촌이 들어섰다. 무허가로 들어섰던 집들이 현재에는 벽돌, 콘크리트 등으로 바뀌어 유지되고 있다.

지금의 전주시청 자리에 있던 전주역 주변에는 큰 도시의 역 주변이 으레 그렇듯 여관이 생겨나기 시작하였으며 이에 영향을 받아 성매매 업소들이 들어왔다. 역 주변 저층 건물들이 있는 거리는 밤마다 붉은 등으로 물들었다. 이곳을 사람들은 '선미촌'이라 불렀다. 1983년 전주역이 현재의 위치로 이전하고, 전주시청사가 현재 자리에 들어설 무렵, 지역 주민들은 성매매 업소들이 사라지고 지역이 다시 활기를 되찾을 것이라 기대했었다. 전주시에서도 2004년부터 선미촌을 철거하겠다는 의지를 지속적으로 내비쳐왔지만 뚜렷한 진전 없이 마을은 점점 노후화되고 쇠퇴하여 갔다. 피난민촌과 선미촌으로 노송동에는 점점 그늘이 드리워졌으며 전주 시가지의 확장은 이러한 도시쇠퇴를 더욱 가속화시켰다.

1960년대 개발의 시대에 들어서면서 전북의 중심인 전주의 인구도 증가하기 시작하였다. 다음의 도표와 같이 전주의 인구는 1965년

년도	전주시 인구 (단위 명)	노송동 인구 (단위 명)
1965	216,908	33,809
1970	262,816	41,249
1975	311,432	48,737
1980	366,997	49,204
1985	426,498	46,146
1990	517,104	42,503
1995	570,570	29,996
2000	622,238	21,821
2005	623,804	18,361
2010	646,535	15,992
2015	658,211	12,987
2021.07	657,664	12,223

전주시, 노송동 인구 변화 ⓒ통계청 자료, 배주은 재구성

부터 2000년대까지 폭발적으로 늘어났다. 전주시에서는 늘어나는 인구를 감당하기 위해 1990년대 중반 덕진구 인후동, 우아동 일대에 61만평 규모의 신도시인 아중지구를 개발하였으며 1990년대 후반부터 서신지구, 서부 신시가지, 효천지구, 만성지구, 전북혁신도시, 에코시티 등이 개발됨에 따라 전주 시가지가 북서쪽으로 크게 확장되었다.

도시의 덩치가 날이 갈수록 커졌지만, 전주의 뿌리라 할 수 있는 동쪽 원도심 지역은 개발의 고리에 둘러싸인 채 소외되어 갔다. 노송동의 인구는 1965년 33,809명에서 계속 증가하다 1980년에는 49,204명으로 정점을 찍는다. 그러나 시가지 개발이 본격적으로 이루어지기

시작한 1990년대 이후에는 거주인구가 급속도로 빠져나가 2020년 7월에는 12,000명 정도로 쪼그라들었다. 사람들이 빠져나간 노송동에 남은 것은 오래되고 낡은 저층 주택, 빈집 그리고 선미촌 정도였다.

비어가는 동네. 이대로 둘 수는 없었다. 사람들이 빠져나간 노송동을 채워나가기 위해 다양한 노력들이 이어졌다.

전주시에서는 원도심 활성화를 위해 2000년대부터 도심재생 사업을 지속적으로 추진하였고, 2011년에는 국토교통부의 테스트베드(Test Bed) 근린재생 사업에 선정되어 도시재생에 힘을 얻게 되었다. 테스트베드로 선택된 지역은 노송동, 인후동, 중앙동, 진북동 일대 총 1,739㎢이며, 노송동 중심의 주거지구, 중앙동 중심의 상가지구로 나누어 쇠퇴지역 활성화와 공동체 육성 사업 등 주민자력재생사업을 진행하였다. 2015년에는 원도심과 노송동 선미촌 일대가 중심시가지형 도시재생 선도지역으로 선정되어 국가차원의 도시재생 사업을 이어나갔으며, 선미촌에는 '서노송예술촌 프로젝트'를 통해 커뮤니티 공간 및 문화예술공간 조성, 주민공동체 육성 사업이 이루어졌다. 노송동에는 재생사업만 있는 것이 아니다. 노송동 395-3번지 일원에 141,684.9㎡, 2000여 세대 규모의 아파트가 들어서는 기자촌구역 주택재개발정비사업도 진행 중이다.

이처럼 침체된 노송동의 환경을 개선하기 위해 전주시, 정부, 민간 등이 다양한 분야에서 각각 주체가 되어 노력하고 있다. 하지만 여전히 오래된 저층 주거지의 이미지가 남아있으며 동네를 걷다 보면 조용하기만 하다.

노송동 주거지 풍경. 원도심 노후주거지인 노송동은 1960~70년대에 지어진 집이 많다. 하지만 세월이 오래된 만큼 다양한 사람이, 다양한 사연이 있다. ⓒ배주은

고향에 찾아온 건축가

수도권에서 고향으로

공공에서는 자꾸 도시계획, 도시재생 등을 밀어붙이는데 시민들이 대등한 힘이 없으니까 자꾸 그 위주로만 흘러가고 그 법 위에서 목소리가 반영되지 않고, 철거 재개발을 한다 해도 다들 너무 조용합니다.

_ 고은설 · 별의별 협동조합 대표

전주에서 태어나 서울 수도권에서 대학 시절을 보내고 활동하는 건축학도가 있었다. 그 건축학도는 재개발, 특히 공공이 주도하면서 발생하는 여러 가지 이슈에 대해 관심을 갖기 시작하였다. 건축을 전공하면서 도시 여기저기서 벌어지는 재개발에 대해 고민을 많이 하였다고 한다. 그가 바로 노송동 별의별 하우스를 만든 고은설 씨, '별의별 협동조합'의

대표이다.

고시공부 때문에 서울 신림동 고시원에서 살았던 고 대표는 협소한 공간 때문에 일상 생활이 힘들었다고 한다. 넓은 공간에서 살던 어릴적 기억과 비교되면서 괴리감이 발생했고, 심리적으로도 좋지 않은 영향을 받았다고 기억한다.

대도시에서 느끼는 답답함과 일상의 긴장감은 자녀들이 태어난 후에도 계속되었고, 결국 2009년 그는 고향인 전주로 다시 내려왔다.

Art-Cluster 별의별의 탄생, 그리고 별의별 하우스의 태동

완산구 중앙동 옛 전라감영 자리에 있던 전라북도청사가 2005년 완산구 효자동 3가 청사로 완전히 이전하였다. 중앙동에 남은 옛 전라북도청사는 1952년에 신축된 건물로 청사의 신시가지 이전 전까지 전북의 행정적 구심점 역할을 해왔다. 전주시에서는 청사의 신시가지 이전 후, 옛 전라북도청사의 별다른 활용방안을 찾지 못하다가 전라감영을 복원하기 위해 2014년에 옛 도청사를 철거한다는 결정을 내린다. 시민 중에서는 과거를 기억하는 상징적 장소가 없어진다는 사실에 안타까워하며, 역사문화자원으로 활용하자는 목소리를 내기도 하였다.

고 대표도 그 중에 한 명이었다. 옛 전라북도청사의 철거소식을 듣고 가만히 있을 수 없었다. 옛 도청사가 완전히 역사 속으로 사라지기 전, 기록을 하나라도 더 남기기 위해 문화 단체를 만들어 모금활동을 하고 구도청사 사진 공모전 등 문화행사를 기획하였다. 이때 만들어진 단체가 바로 비영리 예술기획연구소 Art-Cluster 별의별이다. 전북도민들의 기억의 장소였던 옛 전라북도청사는 행정의 관심 밖으로 밀려났고 모두 감영복원에 사활을 걸고 있던 그때, 고 대표는 차근차근 기록 작업을 진행하였다.

대규모 철거공사라는 것은 굉장히 신중해야 되잖아요. 돌이킬 수 없고, 환경적으로도 안 좋고 문화적 다양성도 파괴되고, 그리고 역사적으로 층층이 펴져 있는 것들이 사장되는 결과를 낳게 됩니다.

_ 고은설 · 별의별 협동조합 대표

2014년 6월, Art-Cluster 별의별이 주최하고 시민들이 후원한 구 전북도청사 기록행사 'I Am Here'가 시민들 곁으로 찾아갔다. 청사가 곧 없어진다는 소식을 전해들은 시민들이 자발적으로 카메라를 들고 다니면서 철거되기 전 모습을 사진으로 찍어 출품하였고, 총 115점의 사진이 전시되었다. Art-Cluster 별의별은 그렇게 시작되었다. 고 대표는 도청사의 철거가 다가오자 시민들과 함께 자발적으로 도청사의 이야기를 지키고자 하였다. 그리고, 그 이야기를 간직한 '사람'이 귀하게 대접받길 원했다. 구청사 사진공모전에서 별의별로 이어지는 활동에는 그의 이러한 철학이 담겨있었다.

고 대표는 Art-Cluster 별의별 활동과 더불어, 노송동의 빈 주거공간을 찾아 리모델링하고 건축가-시공자-건축주의 소통을 유도하는 주거문화를 기획하였다. 침체된 지역에 아이들의 소리가 들리게 하고, 주민들 간에 관계를 만들어주어 노송동에 다시 활기가 돌아오게 하는 것에 관심을 가지게 되었다. 이러한 그의 구상은 빈집을 임대하여 꾸민 '별의별 하우스'를 통해 실행에 옮겼다. 그 공간에서 동네 주민들과 주거문화에 대한 이야기를 나누고, 마을한달살기, 공동육아 등의 교류 프로그램을 진행하였다.

빈집의 쓸모있는 변신

별의별 하우스의 시작 '하하하집'

나와 내 이웃의 행복을 찾기 위한 노력, 우리들의 관계를 담을 수 있는 공간 '별의별 하우스'에 대한 이야기의 출발은 이렇다. 건축을 전공했고, 두 번의 출산과 육아로 바쁜 나날을 보내던 시기에도 지역과 도시에 대한 열정이 가득했던 고은설 대표는 셋째 아이를 임신한 상태에서도 도시 관련 공부를 다시 시작하게 된다. 이 시대 엄마들이 가사와 육아로 자신의 꿈과 일을 포기할 수밖에 없는 환경을 극복하고, 가정, 일, 꿈의 균형 속에서 행복하게 살 수 있는 삶의 터전을 만들어 보고 싶었기 때문이었다. 아이들이 마음껏 뛰어놀 수 있는 넓은 마당, 이웃들과 웃고 인사하는, 한마디로 사람 사는 맛이 나는 동네 주민으로 살아가는 삶. 꿈꾸고 그리던 삶의 모습에 조금이라도 다가가고 싶었다. 하지만 그 꿈을 실현하기에 현실은 너무나 버겁고 막막하기만 했다.

전주에서 제2의 인생을 살기 위해 우선 터를 이루고 살아갈 동네와 집을 찾아야 했다. 오랜시간 발품을 팔며 전주시 4대문 안 원도심 지역을 돌아다녔지만 원하는 집은 좀처럼 눈에 띄지 않았다.

그러던 2015년 어느 날 30여년을 한 가족이 대를 이어 살았던 단독주택이 저렴한 가격에 나왔다는 소식을 듣고, 한걸음에 달려갔다. 그 집과 마주한 순간 왠지 모를 이끌림에 '그래 이집이야! 여기서 나의 새

하하하집 과거와 현재의 모습 ©고은설

공사하기 전 집의 이야기를 나누는 오픈하우스 행사 ©고은설

로운 인생을 살아보자!'라는 결심을 하게 되었고, 너무나 저렴했던 가격이 마음에 걸려 웃돈을 얹어 바로 계약하였다.

자세히 살피니, 이곳저곳 손보아야 할 곳들이 눈에 띄었다. 하루빨리 공사를 진행하고 싶은 마음은 굴뚝같았지만, 집이 품고 있는 이야기가 궁금했고, 내 이웃이 될 사람들이 보고팠다. 그리하여 공사 시작 전 원래 집주인과 이웃들을 초대하여 이야기를 나누는 '오픈 하우스' 행사를 진행하였다.

세무사였던 과거 집주인이 공을 들여 하나하나 정성스레 만들었던 집에 얽힌 이야기, 누가 이사 왔는지 보고픈 마음에 생각보다 많이

별의별 하우스 위치도 ©정지훈

찾아왔던 이웃들, 그리고 그들의 환대는 그동안 가슴 속에 숨겨져 있던 '살기 좋은 동네 만들기'에 대한 꿈을 실현할 수 있는 희망과 용기를 고 대표에게 안겨 주었다. 그런 과정을 거치며 별의별 하우스의 첫 단추인 '하하하집'이 탄생했다.

오랜 이야기를 간직한 낡은 주택은 고 대표의 삶터로 바뀌게 되었고, '하하하집'(2015)을 필두로 '사철나무집'(2016), '철봉집'(2017), '인봉집'(2018), '희희당'(2019), '봉봉한가'(2020)로 별의별 하우스의 이야기는 이어지고 있다.

커뮤니티의 시작 사철나무집

'하하하집'이 고은설 대표의 가족이 머무를 공간이라면, '사철나무집'은 이웃과 소통하기 위한 무대이자 외부와의 연결고리이다.

노송동 문화촌에 터를 잡고, 주변의 이야기를 살피던 즈음, 주변 지역들의 재개발로 인해 이곳 주민들 사이에서도 보이지 않는 갈등이

수리하기 전 사철나무집 ©고은설

깊숙이 자리잡고 있음을 알게 되었고, 소통과 만남을 통해 이문제를 풀어내 보고 싶었다.

'우선 만날 수 있는 공간을 만들어보자!'라는 목표를 가지고, 지역에 쓸만한 곳들을 모색하던 중 골목 끝자락에 비어 있는 2층집이 쓸만해 보였다. 널찍한 마당과 사철나무가 멋들어지게 자라나 있는 이곳이 이웃과 함께 어울리기에 제격인 듯했고, 우연히 버스정류장에서 집주인을 만나 집을 계약한 사연과 세입자가 변함없이 30년 이상을 살아내었다는 흥미로운 이야기도 마음을 사로잡았다.

집을 고쳐 쓴다는 조건으로 전세 계약을 체결하고 보니, 어디서부터 손봐야할지 어떻게 공간을 만들어낼지 고민이 되었다. 1980년에 지어진 오랜된 집이었지만 내부 인테리어와 디테일, 그 안에 담긴 이야기는 지금도 충분히 멋졌기에, 이것들을 살려내 보고 싶었다. 최대한 공간과 디테일은 그대로 두고, 이야기와 건축적 요소들을 프로그램으로도 엮어내었다. 그렇게 탄생한 것이 '별의별건축가시리즈'이다.

건축을 전공하고 노송동으로 이사와 하하하집을 고쳐낸 이야기,

다양한 프로그램들을 즐기고 있는 노송동 아이들 ©고은설

사철나무집을 만나게 된 사연과 과정을 재미난 강의로 풀어내며, 어느덧 노송동 문화촌의 사철나무집은 외부로 이름이 알려지기 시작했다.

어느 날부터인가 사철나무집을 보기위해 방문한 외지인들이 눈에 띄었고, 낯선 이들의 방문은 동네 사람들이 호기심을 갖기에 충분했다. '우리 동네도 뭔가 특별한가?'라는 생각들이 동네사람들에게 퍼지기 시작했다. 그렇게 사철나무집은 고은설 대표와 이웃주민 간 가교 역할의 시작점이 되었고, 지금은 몇 번의 변화를 거쳐 미국인 다섯 식구가 일 년간의 삶터로 활용하고 있다. 하지만, 동네 주민들을 이어주던 사철나무집은 재개발 사업으로 인해 2021년에 운영이 중단되었고, 2022년 중반에 철거 된다.

활력의 시작, 철봉집

3명의 아들을 위해 마당에 철봉을 심었다는 이유로 '철봉집'으로 이름 붙여진 곳은, 동네 아이들을 위한 놀이터이자, 노송동의 활력소였다.

철봉을 매개로 여러가지 놀이를 엮어낸 그 곳에서 아이들은 신나

아이들과 어울리며 문학 강의를 듣는 동네 주민들 ©고은설

게 뛰어놀았다. 아이들의 명소가 되었고, 매일 놀러가고 싶은 곳이 되었지만, 고은설 대표는 아쉬웠다. 아이들을 위한 좀 더 특별한 공간이 되기를 바랐다. 그리하여 아이들이 놀이를 통해 다양한 꿈을 키워낼 수 있는 '꿈꾸는 아지트'가 기획·실행되었다. 동네 아이들의 반응은 뜨거웠다. 매일 같이 철봉집을 드나들었고, 덩달아 엄마들도 따라다녔다. 엄마들도 이웃집 아이의 엄마들과 친구가 되었다.

아이들의 웃음소리, 뛰어다니는 모습은 노송동에선 잊혀진지 오래된 광경이었다. 생기가 돌았고, 이웃 어른들도 기웃기웃 철봉집에 관심을 보였다. 그렇게 조금씩 노송동의 사람들은 얽혀지기 시작했다.

어느덧 많은 사람들이 모이는 곳이 되었고, 그들을 위해 고은설 대표는 또 다른 문화예술 프로그램을 기획하고 실행하였다. 그렇게 '철봉집'은 주인과 이웃의 칸막이를 없애고, 내 집처럼 편하게 들락거릴 수 있는 동네 문화예술 플랫폼이 되었다. 최근까지 지역의 커뮤니티 공간과 게스트 하우스로 활용하고 있었으나 사철나무집과 마찬가지로 재개발로 인해 2021년에 운영이 중단되었고, 2022년 중반에 철거된다.

정식 숙박시설로 변신 중인 인봉집 공사 과정 ©고은설

새롭게 재단장한 인봉집 ©고은설

휴식을 위한 공간, 비즈니스의 시작 인봉집

어느 날부터 주변 이웃들의 걱정 어린 조언이 들려왔다. “이런 식으로 집 고치고, 돈 쓰면 어찌 감당이 되겠어?” “돈은 어떻게 벌 거야?” 고마운 말들이었지만, 고은설 대표의 마음속엔 오기가 생겨났다. ‘나도 돈을 벌 수 있어! 돈 버는 모습을 보여줘야겠어!’라고 결심하고 만든 첫 번째 비즈니스 모델의 주택이 ‘인봉집’이다.

2018년 전세를 얻어, 넓은 마당과 단독 주택의 로망을 실현해 줄 ‘휴식을 위한 공간’을 콘셉트로 집을 고쳤다. 인근 전주 한옥마을과는 다른 무언가 특별한 곳으로 만들고 싶었다. 넓은 마당과 2층집 전체를 통째로 쓸 수 있는 장점을 살려 차별화하려 노력했고, 돈을 받고 내어주는 곳이기에 더욱 신경을 써 인테리어나 창호, 바닥 등을 꼼꼼히 손보았다.

현재까지도 ‘인봉집’은 방문객 사이에서 좋은 평가를 받고 있으며, 에어비엔비를 통해 숙박 예약 관리를 진행하고 있다.

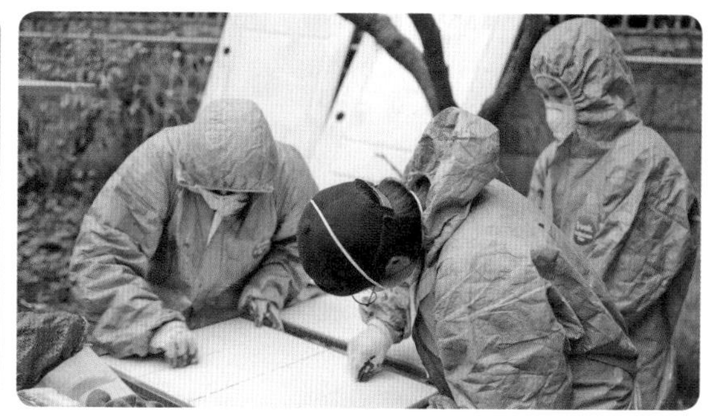

전주 일 년 살기 프로젝트에 참가 중인 노송동에 온 청년들 ©고은설

청년들의 공간 희희당

고은설 대표는 우리의 아이들이 올바르게 커나가려면 아빠, 엄마뿐만 아니라 동네 형과 누나, 친구, 동생과 함께 어울리는 것이 중요하다는 철학을 가지고 있다. 사회적 활동을 통해 학습하고, 건강하게 성장할 수 있는 그런 환경을 꿈꿨고, 노송동 문화촌이 그런 곳이 되기를 바랐다.

꿈을 함께 실현해 줄 동료, 즉 동네 청년들이 필요했고, 그들이 살아갈 집이 필요했다. 하지만 청년들에게 노송동의 집들은 너무 컸다. 주택을 지을 당시엔 대부분 대가족이 머물 집을 만들었기 때문에 당연히 크게 지어질 수밖에 없었을 것이다. 1·2인 가구가 대부분인 요즘 청년들에겐 맞지 않는 집이었다.

이에, 고은설 대표는 청년들이 거주할 수 있는 집을 만들어야겠다는 마음을 먹게 되었고, 전주시 사회혁신센터의 '기획협력사업'을 지원을 받아 그 일을 시작하였다.

청년들을 모집하고, 그들과 함께 살아갈 집을 수리하고 생활하면

노송동의 삶을 이어가는 청년들 ©고은설

서 지역에서의 다양한 실험과 활동을 통해 청년들에겐 의미있는 경험을 제공하고, 지역엔 활기를 불어넣는 취지로 만들어진 '청년, 전주 일년 살기' 프로젝트였다.

2019년 프로젝트를 수행할 집을 빌리고, 청년들과 함께 그림을 그리고, 직접 집을 고쳤다. 그렇게 탄생한 공간이 바로 '희희당'이다. 집을 고치면서, 청년들이 살 수 있는 노송동이 되기를 희망했고, 그 가능성을 확인하였다. 물론 어려운 점이 더 많지만, 아직 1명의 청년은 노송동에서의 삶을 이어나가고 있다.

동네 커뮤니티 플랫폼 봉봉한가

동네 주민, 새롭게 들어온 청년 그리고 외부에서 온 사람들, 이들을 하나로 엮어 낼 수 있는 구심점이 필요했다. 사랑방이자 상점, 동네를 소개하고 알려주는 호텔의 컨시어지 같은 곳이면 더 좋을 것 같았다. 예전 동네 전방으로 사용되며, 언제나 사람들을 만날 수 있었던 동네 입구에

노송목공소에서 동네 플랫폼으로 변신한 봉봉한가 ©고은설

위치한 노송목공소가 제격이었다. 10년 넘게 굳게 문이 닫혀 있어, 탐이 났지만 어찌할 도리가 없었다.

2020년 어느 날, 노송목공소가 매물로 나왔다는 소식을 접하게 된다. 돈이 부족했다. 하지만 너무나 필요하고 원하던 공간이었기에 이곳저곳에서 겨우 돈을 마련했고, 노송목공소와 뒷마당 2필지를 함께 살 수 있었다.

너무나 멋진 모습의 건물이었기에 지붕의 선과 기둥 그리고 서까래의 느낌을 최대한 살려가며 하나하나 매만졌다. 그렇게 노송목공소는 '봉봉한가'로 다시 태어났고, 지금의 봉봉한가는 틈틈이 동네 사람들과 다양한 커뮤니티 활동을 펼치는 곳이 되었고, 뒷마당은 아이들의 놀이터로 쓰이고 있다.

멋지고 즐거운 동네에는 돈벌이는 되지 않더라도 꼭 필요한 상점들이 반드시 필요하다. '봉봉한가'가 그 역할을 대신하기 위해 동네 쉼터, 카페, 서점으로 운영되고 있다. 또한, 지역의 공동체를 회복하고, 지

요리프로그램과 아이들의 놀이터로 이용되는 봉봉한가 ©고은설

역의 문제를 해결할 수 있는 프로그램도 펼쳐 나가고 있다. 특히, 동네 재개발지역의 역사를 기록할 수 있는 여러 요소들을 모아 사람들과 공유하는 활동을 하고 있는데, 재개발지역 안에 있는 식물의 씨앗을 모으고, 생태에 관한 지도를 제작하며, 이와 같은 마을기록을 공유할 수 있도록 그림책과 팝업책을 소개하는 책방을 기획하고 있다.

빈집으로 마을 잇기

별의별 하우스는 머물고 정착하고 잇는 공간이다. 청년과 어르신, 학부모 등등 마을사람들의 관계를 만들어 공동체를 회복하는데 방점을 찍었다.

Art-Cluster 별의별에서는 지역 주민들을 위해 여러 문화 예술 프로그램을 기획한다. 노송동에서도 공예와 같은 문화 활동을 주기적으로 하고 모임도 갖는다. 그때 청년한달살기를 진행하면서 청년들이 같이 참여하여 주민분들의 이야기도 듣고, 책도 냈다. 동네에 찾아온 청년들은 주민분들 그림도 그려주면서 서로 소통한다. 참여하는 청년들 중에는 외지에서 오는 경우가 많아, 노송동 주민들은 새로운 젊은이들이 마을을 찾아 활동하는 모습이 좋다고 한다. 고 대표는 마을 사람들의 관계들을 이어주는 역할을 하면서 어떻게 해야 지역 주민들에게 도움이 되는지, 자신에게 도움이 되는지 고민하게 되었다고 한다.

별의별 하우스에서는 마을에서 청년들이 1년 동안 살게하는 프로젝트도 진행하였다. 머물 공간을 찾아보고 있던 중, 1층짜리 작은 독채를 어떤 분이 매입을 했는데 당장 쓸 것이 아니라고 해서, 외부인이 와서 머물 수 있는 시범공간을 만들었다. 그 공간에 1인 가구가 와서 살게 되었고 한 주택에 쉐어하우스 처럼 '따로 또 같이' 사는 프로그램으로 시범운영하였다. 별의별 하우스를 통해 마을에 청년이 머물게 함으로 사람들을 이어주는 노력이 마을에 새로운 활력을 가져오게 되었다. 마을 주민 뿐 아니라 마을에 와서 머무는 외지인들도 마을사람들과 관계를 형성하고 커뮤니티를 만드는 도구가 된 것이다.

별의별 하우스는 아이돌봄의 공간이기도 하다. 고은설 대표가 고향에 내려온 이유 중 하나가 바로 아이들에게 뛰어 놀 수 있는 공간을 주는 것이었다. 별의별 하우스를 운영하는 별의별 협동조합에서는 예술교육 프로그램도 기획하였는데 '꿈꾸는 아지트'라는 프로그램을 운영하면서 철봉집 사업을 꾸려나갔다. 철봉집에서는 어떤 프로그램을 할지 고민하다가 아이들을 대상으로 프로그램을 진행하게 되었다. 침체 된 지역에 아이들의 목소리가 들리게 하고, 그들을 매개체로 교류하여 사람 사는 냄새가 나게 하고 싶었다.

2020년 11월 고 대표를 찾아갔을 때 마침 봉봉한가에서 공동육

봉봉한가. 마을에서 1년 동안 살고 있는 미국인 가족과 공동육아 모임을 하고 있다. ©배주은

아 프로그램을 진행하고 있었다. 도시의 답답한 공간에서 혹여나 이웃에게 민폐 끼칠까 어쩔 수 없이 활동에 제약받는 아이들에게, 그리고 동네 이웃들과 관계를 쌓아가고 지속적으로 도움을 주고 받으면서 교류하고 싶은 사람들에게 별의별 하우스는 그 공간을 내어주었다.

별의별 협동조합은 비슷한 뜻을 가진 주체들과도 함께하고 있다. 노송동에서 활동하는 마을공동체 '천사길사람들'은 쇠퇴한 노송동의 공동체를 활성화 하기 위한 여러 사업들을 진행하고 있다. '재미있는 마을공작소 마당'과 '활력충전소' 거점공간이 구심점이 되어 천연염색, 공방, 집수리, 공구도서관, 마을환경개선 등 주민과 함께 마을공동체 활동을 하면서 마을 문제를 해결해나가고 있다. 특히 천사길사람들은 중간지원조직과 활발히 소통하고 있어 별의별 협동조합과 중간지원조직 사이에서 가교역할을 하기도 한다.

또한, 같은 동네의 문화예술공동체 문화통신사 협동조합과는 파트너 사이다. 문화통신사 협동조합은 전주지역 내 다양한 순수문화예술공연 정보를 전달하고, 문화공간을 기획 운영하며 문화자원을 활용한 콘텐츠와 상품을 개발하는 등 문화예술을 통해 사람들을 연결하는 활동을 하고 있다. 별의별 협동조합과 함께 동네 커뮤니티 활동을 하고 있으며 전주지역의 예술가 네트워크를 공유하고 있다.

이처럼 별의별 협동조합에서는 '문화통신사 협동조합', '천사길사람들'과 연계하여 공간기획, 문화예술 콘텐츠 및 상품 개발, 교육 등의 사업 활동을 통해 수익 창출과 지역에 문화예술 서비스를 공급해 주는 일들을 병행하고 있다. 2020~2021년에는 남노송동에서 진행하는 취약지역 생활여건 개조사업의 일환으로 새뜰빌드업 사업을 함께 진행하였다.

지속가능성의 관점

'별의별'의 지속가능한 운영

지역의 지속적인 문화기반 구축을 위한 비영리단체 '예술기획연구소 Art-Cluster 별의별'과 지속 가능한 경제모델을 위한 '별의별 협동조합' 두 축으로 활동하고 있습니다.

_ 고은설 · 별의별 협동조합 대표

살기 좋은 동네, 마을을 만들기 위해선 별의별의 지속가능성을 담보할 수 있는 수익 모델이 필요했고, 그렇게 '별의별 협동조합'은 만들어졌다. 또한, 지역 주민들과 더불어 잘 살 수 있는 환경을 만들기 위해 이웃을 하나로 연결할 수 있는 프로그램을 기획하고, 운영하기 위해 'Art-Cluster 별의별'이 생겨나게 되었다.

2015년부터 시작한 별의별은 2020년까지 6개의 주택을 고쳐 숙박, 육아 프로그램, 커뮤니티 활동, 교육 등의 기능 담당하는 공간으로 재활용하고 있으며, 수익활동을 담당하는 '별의별 협동조합'과 지역 커뮤니티 활성화를 담당하는 'Art-Cluster 별의별'로 나누어 운영 중에 있다.

'하하하집'의 경우, 고은설 대표의 가정집으로 사용되고 있으며, 이외에 '사철나무집', '철봉집', '인봉집', '희희당'은 '별의별 협동조합'을 통해 숙박서비스를 중심으로 운영관리 되고 있다. 향후 '봉봉한가'를 활용하여 지역 문화콘텐츠 상품과 음료를 판매함으로써 수익 모델을 완성해 나갈 계획이다.

'Art-Cluster 별의별'의 경우, 기존에는 '사철나무집'과 '철봉집'을 활용하여 지역 커뮤니티 활동을 진행하였지만, 앞으로는 '봉봉한가'를 중심으로 본격적인 문화예술 및 커뮤니티 프로그램을 운영할 예정이다.

동네 주민의 상생과 정착을 위한 실험실, 마을호텔

고은설 대표는 에어비엔비를 통해 한 미국인이 '사철나무집'에서 1년간 살고 싶다는 요청을 받았다. 아이 셋을 둔 미국인 부부는 아이들이 더 자라기 전에 한국의 마당 있는 집에서 살아 보게 하고 싶다고 했다. 비록 말은 잘 통하지 않았지만 지역의 환경과 아이 교육에 대한 마음이 통해 그렇게 하기로 했다.

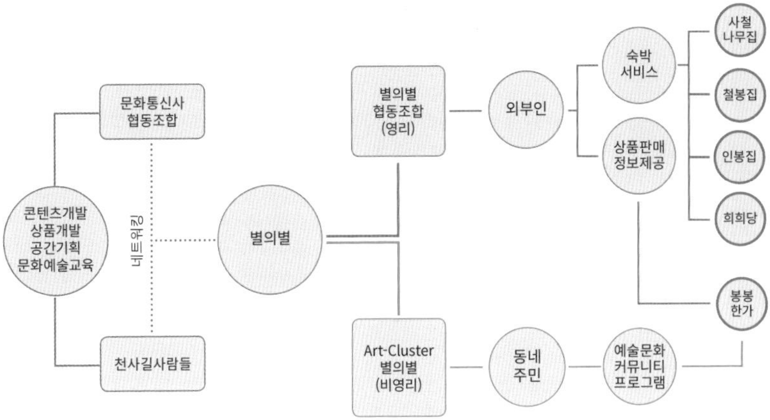

문화통신사
협동조합
콘텐츠개발
상품개발
공간기획
문화예술교육
네트워킹
천사길사람들
별의별
별의별
협동조합
(영리)
Art-Cluster
별의별
(비영리)
외부인
동네
주민
숙박
서비스
상품판매
정보제공
예술문화
커뮤니티
프로그램
사철
나무집
철봉집
인봉집
희희당
봉봉
한가

별의별 운영 개념도, 별의별 협동조합과 Art-Cluster 별의별로 운영 중 ⓒ정지훈

'희희당'의 '일 년 살기 프로젝트'로 한 명의 청년이 동네 주민으로 정착하게 되었고, 최근 두 명의 청년이 동네에 들어와 앞으로 살 집을 수리하고 있는 모습을 보며, 고 대표는 잠시 머물려고 왔던 사람들이 동네의 주민, 이웃이 되는 길이 노송동 문화촌을 살리는 길이며 그런 일들을 별의별을 통해 이뤄야겠다고 생각했다.

먼저 동네 사람들의 관계를 회복하고, 찾아오는 사람들과 새로운 관계를 만들고, 부족한 인프라를 채워 간다면, 살고 싶은 노송동 문화촌이 될 수 있을 것이다.

마을호텔은 마을의 숙박 시설을 중심으로 주변 자원과 공간들을 수평적으로 연계하여 다양한 서비스를 제공하는 형태를 말한다. 하지만 노송동 문화촌의 마을호텔은 조금은 다르다. 유휴공간의 재생을 통해 서로가 상행할 수 있는 커뮤니티를 형성하고, 우리 동네의 이웃을 발견하고 정착을 유도하는 역할을 하는 곳이 노송동 문화촌의 마을호텔이다.

마을호텔을 통해 지역이 안고 있는 문제를 하나씩 해결해서 정말 살기 좋은 동네로 만드는 것, 그렇게 동네가 스스로 살아낼 수 있는 생태계를 만들어 내는 것이 고은설 대표의 꿈이고 목표이다.

노송동 문화촌의 마을호텔은 동네의 주민으로 거듭나기 위한 재미있는 실험실이자 징검다리이다.

Note

01 연합뉴스(2014.10.29), “후백제 도성은 전주 노송동 일원”

02 기관차와 차량이 작고 궤도가 좁은, 규모가 작고 간단한 철도.(국립국어원 표준국어대사전)

03 일제강점기 당시 건립된 공립학교는 전주남공립고중학교(현. 전주남중학교, 전주제일고등학교), 전주북공립중학교(전주북중학교, 현재 폐교), 전주공립농업학교(현. 전주생명과학고등학교), 전북공립고등여학교(현. 전주여자고등학교), 전주공립고등여학교(현재 폐교), 전주풍남공립소학교(현. 전주풍남초등학교), 전주상생공립국민학교(현. 전주초등학교) 등이 있다.

Reference

단행본

01 한국철도공사(2010), 「철도창설 제111주년 기념 철도주요연표」, 36-37p.

학위논문, 학술지 논문

02 박연정(2020), “전주 문화적 도시재생 ‘서노송예술촌프로젝트’ - 성매매 집결지 선미촌의 도시재생”, 『IDI 도시연구』, 17호, 379-401p.

03 송일섭(2018), “전주시 역사도심의 도시재생사업과 지구단위계획”, 『Urban planners』, 5권, 1호, 22-25p.

04 유승수·문준경·고재찬·채병선(2014). "도심활성화사업의 효과분석을 통한 도시재생 방안 연구", 『국토계획』, 49권, 7호, 43-51p.

05 한유석(2012), "도시재생 시범 지역의 공간 구성과 공간적 특징 - 전주시 노송동 사례 -". 『인천연구』, 6호, 119-139p.

정기간행물(잡지/신문), 기타(홈페이지)

06 시사저널(2019.10.08.), “[지역혁신리더] 고은설 ‘官 개입 비무장지대로 만들고 싶어요”. https://news.naver.com/main/read.nhn?mode=LSD&mid=sec&sid1=004&oid=586&aid=0000009173

07 새전북신문(2014.06.29.), “무작정 철거 앞서 기록작업 차근차근 진행 '조선-근대-현대' 잇는 역사문화자원으로”. http://www.sjbnews.com/news/articleView.html?idxno=465069

08 전북도민일보(2014.06.25), “지역문화예술인들이 만드는 전라북도(구)청사의 날”. http://www.domin.co.kr/news/articleView.html?idxno=1030207

09 동아일보(2014.04.16), “전주 견훤 왕궁터 과연 어디인가”. https://www.donga.com/news/article/all/20140416/62796657/1

10 한겨레(2020.10.07), “한국전쟁 중 폭발’ 전라감영 70년 만에 복원”. http://www.hani.co.kr/arti/area/honam/964807.html

11 박영순(2008), “전주 진훤(甄萱) 왕궁터와 동고산성(東固山城)”, 『국토』, 2008년 2월호, 147-147p.

12 전주시(2017), 「전주다움」, 2017년 9월호, 20-21p.

13 서울대학교 규장각 한국학연구원 (http://kyu.snu.ac.kr/)

다섯 번째 마을

도심 속 마을에서 싹튼 마을호텔의 꿈

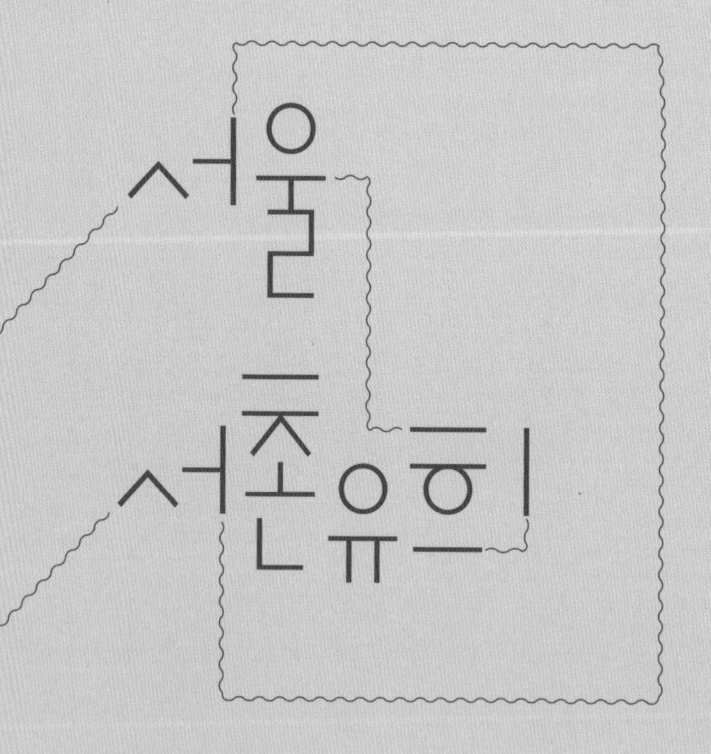

UOS 마을호텔탐험대 김민재 · 조현호

600년의 시간이 오롯이 쌓인 서촌의 주민들은
마을의 소중함을 느끼고 전통을 지키고 가꾸어 나갔다.
시간의 매력이 묻어나는 서촌은 새로운 사람들을 불러 모았다.
도심 속 '스테이'의 시작은 꿈을 가진 기획자와 주민이 함께 했다.
주민이 가꾼 도심 속 마을에 날아든 마을호텔의 씨앗은
지역의 매력을 즐기며 도심 속에서 여유를 찾을 수 있는
새로운 마을호텔을 탄생시켰다.

제공: Stayfolio

서촌 이야기

600년 마을 서촌

서울의 600년 된 동네. 서촌은 도성으로 둘러싸인 한양 인왕산 자락에 자리 잡은 마을로 경복궁의 서쪽에 있다고 하여 서촌(西村)으로 불리게 되었다. 급격한 변화의 시기 속에서도 서울의 옛 모습을 간직한 인사동과 북촌이 1990년대 다시 관심을 끌게 되면서 자연스럽게 서촌도 도심 관광 코스 중 하나가 되었다. 역사적 전통과 함께 감각적인 도시적 공간과 콘텐츠가 가득한 서촌은 이미 600년 전부터 시민의 마을이면서 풍류 문화가 넘치는 관광지와도 같은 곳이었다.

서촌은 조선이 세워지고 한양을 도읍으로 정하면서 일찍부터 사람들이 모여살기 시작했다. 고려의 수도인 개성에서 한양으로 들어오는 길목인 창의문(자하문)을 지나 경복궁으로 향하는 길에 처음으로 마주치는 마을인 서촌에 조선 초부터 왕족과 세도가들이 자리를 잡았다. 이성계를 도와 조선 창건의 큰 공을 세운 이방원(태종)을 비롯하여 이항복, 권율, 정철, 정선, 김정희 등 정치와 학문에 이름을 남긴 많은 인물이 거쳐 간 곳이었고, 서인 학문의 발원지이기도 했다. 서촌을 둘러싸고 있는 인왕산과 청계천 상류를 이루는 맑은 계곡은 그러한 학문을 중시했던 계층의 문화적 배경으로 충분했고, 풍류를 중심으로 문화예술 활동이 어우러지기 좋은 장소로 근대까지 이어졌다.

일제강점기에는 윤동주, 이상 등 문인과 천경자, 박노수, 이중섭과 같은 예술가들, 독립운동가인 신익희 선생의 이름도 서촌에서 찾아볼 수 있다. 그들이 지나간 자리는 서촌을 배경으로 한 문학 작품과 그

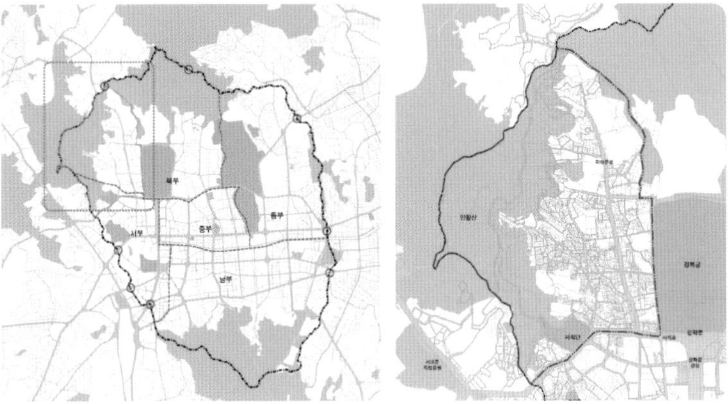

한양도성에서의 서촌의 위치, 서촌은 서울의 5부 중 북부에 더 가까운 곳이다. © 임희지

림, 건물에 남아 있고 지금의 서촌을 더욱 풍성하게 만들어 주었다.

서촌은 하나의 집단이 점유하는 공간이 아닌 사회적 혼합(소셜 믹스)이 활발했던 곳이다. 조선 시대 세도가와 중인들이 혼재되어 살았고, 벽수산장[01]과 같은 친일파 대부호의 저택이 문인들의 허름한 집들이 모여 있는 언덕 위에 들어서기도 했으며, 지금도 내로라하는 재벌들의 저택이 바위 위에 지어진 시민아파트와 공존하고 있다.

서촌은 골목길에서도 역사를 느끼며 현대적인 삶이 이어지고 있는 곳이다. 주거의 형태도 한옥에서부터 일제강점기의 주택, 현대 공동주택에 이르기까지 다양하다. 통인시장과 같은 전통시장이 갤러리, 카페, 작업실 등 다양한 프로그램과 함께하면서 오늘을 살아가는 도시의 일상을 담아내고 있다.[02] 이 덕분인지 서촌은 서울의 확장으로 인해 인구가 급격히 감소한 도심의 다른 지역들과 달리 아직도 일정한 인구를 유지하고 있다. 서촌은 600년 서울의 이야기가 현재 진행형인 동네다.

겸재 정선이 그린 서촌 일대. 조선시대 유희의 공간이었던 인왕산 자락의 풍경을 그림 속에서 찾아볼 수 있다. 〈장동팔첩도〉 중 백운동(좌측, 국립중앙박물관)과 수성동(우측, 간송미술관)

서촌이 서촌으로 남기까지

서촌은 경복궁·청와대와 가까운 덕분에 성장했지만 그로 인해 조용한 거주지로 남아 있을 수 있었다. 일제강점기에 이미 인왕산 경관 보호를 위해 풍치지구[03]로 결정되었고, 1977년에는 고도지구로 지정되어 고층 건축을 제한하였다. 문민정부가 들어서면서 높이 제한이 다소 완화되고 주거환경개선사업이 시행되면서 서촌에도 조금씩 변화의 모습이 나타나기는 하였지만 정체성은 크게 달라지지 않았다.

그러나 2004년 서울시에서 수립한 도시 및 주거환경정비기본계획[04]에서 서촌에도 네 군데의 정비예정구역이 지정되면서 개발의 바람이 불기 시작했다. 당시만 해도 저층 주거지 및 한옥 지역의 보존에 대한 필요성이 시민들에게 설득력 있게 받아들여지지 않았던 시기였기 때문에 좁은 골목에 낡고 작은 주택이 밀집한 서촌 또한 재개발이 필요한 대상으로 여겨졌다.

다행히 북촌가꾸기 계획이 가시화되고 인사동이 유명 관광지가 되면서 한옥마을에 대한 재평가가 이루어졌고 서촌 보존에 대한 목소리가 높아졌다. 서울시의 한옥선언 발표 이후 서촌의 한옥 보존대책을 골자로 하는 지구단위계획이 수립되었고 정책의 방향성이 확실히 정해졌다. 정비예정구역은 차례로 해제되었고 마지막까지 개발을 추진하던 옥인1구역도 서촌의 역사·문화적 가치 보존을 위해 서울시에서 계획을 변경하면서[05] 서촌은 개발의 바람에서 벗어나 오랜 이야기를 품은 마을로 남을 수 있었다.

핫플레이스와 젠트리피케이션

서촌은 시간의 켜와 인왕산 풍경, 그리고 역사적 공간이 함께 공존하면서 서울에서 찾기 힘든 독특한 동네 분위기를 만들어냈다. 서울의 주요 관광지인 경복궁과 가깝고, 인사동에서 삼청동 쪽으로 넓혀가던 서울 도심 관광문화의 확산으로 서촌에도 2000년대 후반부터 다양한 활동이 눈에 띄기 시작했다. 서촌이 가진 매력과 지역이 가지고 있던 풍부한 자산들을 활용한 여러 변화를 등에 업고 서촌은 점차 인기 있는 관광지로 주목받게 되었다.

그러나 이는 지역 활성화뿐 아니라 여러 부작용을 같이 가지고 왔다. 관광버스가 들어오면서 주거 환경과 안전이 위협받기도 하였고, 이른바 '뜨는 동네'에 투자성 자본이 유입되면서 임대료가 상승하고 오랜 시간 서촌을 지키고 있던 동네 가게들이 사라지기 시작했다. 주민이 살던 집이 상점으로 바뀌면서 주거공간이 줄어들고, 임대료 상승으로 인해 원주민은 밀려나고 외부인과 상업적 행위가 늘어나는 등 지역의

변화가 심화되면서 젠트리피케이션 현상이 나타나게 되었다.[06]

이것이 극단적으로 나타나게 된 사건이 서촌에서 벌어진 '궁중족발' 사건과 '파리바게트' 사건이다. 2010년대 기존의 유명 상권이 아니던 지역에 새로운 상업활동이 생겨나면서 지가 상승이 뚜렷하게 발생하여 자본투자가 활발해졌고, 새 건물주는 기존의 임차인에게는 과중한 임대료를 요구하고 이를 받아들이지 못하면 계약을 종료할 것을 통보하였다. 기존 상인들은 상권을 잃고 시설투자비(권리금)를 회수하지 못하게 되었고, 삶터를 지키려는 저항도 건물주의 명도소송과 강제 퇴거에 속수무책이었다. '궁중족발' 사건은 이에 분노한 상인이 건물주에게 폭력을 행사하게 된 사건이었다.

하지만 시민들은 오히려 폭력을 행사한 상인을 두둔하고 옹호하였다. 그동안 자본이 보여온 무분별한 횡포를 제어해야 한다는 목소리가 서촌에서 점점 확대되었고, 이러한 일련의 사건을 통해 시민단체와 주민들이 주도적으로 참여하면서 상가임대차보호법 개정의 공론화를 끌어냈다.

성장하던 서촌은 또 한 번의 어려움을 겪게 된다. 2016년 대대적인 반정부 시위와 집회활동으로 인해 경찰이 청와대 주변 지역을 통제하는 일이 잦아졌다. 이후에도 청와대 인근에서의 집회, 시위가 보장되면서 다양한 집회와 시위가 청와대 앞에서 열리게 되었고 대규모 시위가 계속되면서 통제가 일상이 되자 관광객의 발걸음이 끊기고 주민들도 생활에 불편함을 겪게 되었다.

하지만 상업적으로는 침체되었던 기간이 서촌에는 무분별한 상업화를 제어한 예방주사가 되었다. 그리고 단순히 장사를 위해서만이 아니라 서촌이 좋고, 서촌 사람이 좋아서 시작하는 가게들이 늘어나게 되었다. 이러한 성숙한 변화의 가운데는 서촌을 지금의 모습으로 지켜오던 서촌의 사람들이 있었다.

서촌과 사람들

서촌을 지금의 서촌으로 바라볼 수 있게 한 데에는 공공의 노력도 있었지만 그만큼 주민들의 노력도 적지 않았다. 개발의 바람이 불었을 때도 자본의 논리보다는 마을이 가지고 있는 독특한 매력과 삶터를 지키고자 한 움직임이 지금의 서촌을 만드는데 큰 밑거름이 되었다.

젠트리피케이션을 겪고 나니 원래 서촌에 있던 사람들 간의 단단함으로 거대자본이 들어와도 어느 것이 옳고 그른지 판단할 수 있기 때문에 거대자본이 가진 힘에도 이겨낼 수 있다.

_ 박중현 · 지랩 대표

서촌의 주민들은 오래된 삶터에 스스로 매력을 느끼고 마을을 탐구하고 이슈를 찾고 대안을 만들어 왔다. 이들은 재개발을 반대한 것뿐 아니라 마을 주민들에게 도움이 될 수 있는 공영주차장 개발을 반대하기도 하였다. 선뜻 이해하기 힘들지만 주민과 학생들이 많이 다니는 필운대로 아래로 지하주차장이 생긴다면 발생할 문제점들을 고민해보고 주차의 편리함보다는 안전한 도로가 좋다는 선택을 한 것이다. 서촌의 주민들은 마을을 지켜내기 위한 반대뿐 아니라 마을의 매력을 새롭게 알아나가기 위해 스스로 마을을 공부하고 유적과 명소를 답사하며, 책방을 열고 나눔을 쌓으면서 스스로 마을을 소개하고 자랑하는 공동체를 만들어가고 있다. 이러한 애착과 자긍심은 서촌의 주민들이 자발적으로 다양한 활동을 벌여나가며[07] 지역을 풍부하게 하는 밑거름이 되고 있다.

이렇게 다양한 계층과 세대, 그리고 주민과 상인이 함께하는 서촌의 생태계는 서촌이 상업 논리만으로 흘러가지 않도록 잡아주고 있다. 서촌에는 주민으로, 상인으로, 행인으로 살아가는 다양한 시선들이 섞여 있다. 이 다양성은 서촌이 어느 하나의 서촌이 되지 않게 하는 힘을 주고 있다. 자본의 열병이 지나간 이후 오히려 서촌을 지켜내고자 하는 움직임이 주민들을 중심으로 일어나면서 서울에서 가장 오래되었지만 가장 역동적인 동네로 변화하고 있다.

지랩 이야기

지랩과 서촌의 만남

'제로플레이스', '창신기지' 등으로 주목받던 신진건축가 그룹 지랩은 기존에 활동하던 창신동 생활을 마치고 새로운 공간을 찾고 있었다. 마음에 드는 곳을 찾아 서울의 여러 동네로 발품을 팔던 어느 날, 우연히 찾게 된 서촌 오픈하우스 행사에서 그들은 서촌의 새로운 가능성을 발견했다. 크리에이터들의 활동과 주민 간의 네트워크는 동네의 색다른 매력으로 다가왔고 특히 마을의 역사자원을 스스로 지켜내고 가꾸어 나가려는 주민들을 직접 본 이들은 금세 서촌에 푹 빠지게 되었다.

서촌차고 처음 모습. 서촌에서 지랩의 첫 활동공간. 지금은 지랩과 함께하는 카페가 자리하고 있다. ©이상묵

서촌의 매력은 원주민과 젊은 세대 등 다양성과 혼재성이 적층적으로 드러난다는 점이다.

_ 이상묵 · 지랩 대표

'이왕 여기까지 온 거'라는 가벼운 생각에 찾아간 부동산에서 그들은 운명과 같이 마음에 꼭 맞는 공간을 만나게 된다. 불과 몇 시간 전에 집주인이 차를 팔면서 쓸모가 없어진 차고를 내놓았던 것이다. 서촌과 지랩의 만남은 이렇게 우연히 시작되었다.

지랩의 시작

크리에이티브 그룹 지랩은 2013년 같은 대학교 밴드부 출신의 이상묵, 노경록, 박중현 대표가 모여 창업한 회사였다. 건축과 출신으로 사회에서 각자의 활동에 종사하던 이들은 이상묵 대표의 부모님이 운영하시던 충남 서산의 영가든 건물을 재탄생 시키는 일로 호흡을 맞추게 되었다. 이상묵 대표가 기획을 맡고, 노경록 대표가 건축을, 박중현 대표는 디자인을 맡은 제로플레이스(ZeroPlace)는 부모님과 자신의 유년시절이 담겨있던 기존의 공간을 새로운 감각으로 재탄생시키면서 세간의 주목을 끌었다. 이를 통해 기획의 성공과 그 파급력을 경험한 이들은 2년 후 다시 만나 그들의 첫 작품인 제로플레이스의 이름으로 제로플레이스 디자인 랩(Zeroplace Design Lab), 지랩(Z-Lab)을 창립하였다.

지랩이 주목한 사업분야는 제로플레이스와 같은 숙박시설이었다. 주 5일제가 시행되고 여행에 대한 수요가 늘어나고 있었지만, 당시만 해도 지역에 볼만한 콘텐츠가 풍부하지 않다는 점 때문에 국내여행의 수요가 확대되지 못하고 있었다. 특히 모텔이나 여관, 민박, 펜션에 국한된 숙소의 질은 국내여행의 만족도를 하락시키는 원인이기도 하였다.

한편으로는 여가활동의 증가와 국내여행 문화의 확산이 지방 도시, 특히 제주에서 한 달 살기, 렌탈하우스, 풀빌라 등 기존과는 다른 다양한 숙박문화를 만들어나가던 시기였다.

또한 제로플레이스의 운영 경험은 숙박의 새로운 가치에도 주목할 수 있게 해 주었다. 숙소를 그 지역에 정하는 것은 더 많은 시간을 지역에 쓸 수 있게 하여 시간적 여유를 주고 지역에서의 소비로까지 연결된다는 점이었다. 투숙객들은 제로플레이스를 찾아 서산으로 왔지만 반대로 지역의 여행정보를 제로플레이스로부터 얻어서 서산을 여행하기도 한다. 그래서 지역에 좋은 숙소를 만드는 일은 지역경제 활성화와 여행문화에 있어 중요한 일이다. 당시 외국인 관광객의 급증으로 숙박시설의 양적 팽창은 이루어지고 있었지만 질적 향상에 대한 대안이 부족한 점도 지랩이 주목한 지점이다.

영가든(좌)을 현대적 감각의 스테이 제로플레이스(우)로 다시 만들었다. ⓒ이상묵

이렇게 지랩은 기존의 숙박시설과 달리, 머무는 것이 여행의 목적이 될 수 있는 혁신적 숙박 모델을 만들고자 하였다. 호텔, 모텔, 펜션으로는 정의할 수 없는 스테이(Stay)라는 새로운 영역을 만들고, 여기서 개인의 열망과 의지를 실현해주는 장소만들기와 함께 지속가능한 운영 철학으로 좋은 잠자리 문화를 만들어 나갈 수 있도록 운영 채널과 지원 시스템을 갖추는 것을 장기적인 목표로 삼았다.

반응하는 동네를 찾아

처음 지인의 가구회사 사무실 한편에 자리 잡았던 지랩이 독립한 곳은 동대문 옆의 창신동이었다. 창신동 일대는 한동안 재개발지역으로 규제의 대상이 되면서 쇠퇴하고 있었다. 이상묵 대표가 고등학교 친구의 80년 가까이 된 한옥을 소개받아 고치는 일을 맡게 되었을 때, 지랩은 지역이 가지는 매력과 새로운 관점에서의 변화를 꿈꾸면서 창신동을 바꾸어 나갈 자신들의 역할을 기대했다.

덕분에 낡은 한옥을 지랩의 스튜디오이자 렌탈하우스로 변신시킨 창신기지를 오픈하면서 낡은 것이 버릴 것만이 아니라 지키고 매만

져도 가치를 가질 수 있는 곳이라는 의미를 보여줄 수 있었다. 창신동의 변화를 위해 지랩은 주변의 쪽방촌과 여인숙, 여관들에 새로운 변화의 방법을 찾기 위한 고민을 이어갔고 많은 주민과 이야기를 나누었다.

그러나 현실적으로 창신동은 변화가 일어나기 어려운 곳이었다. 주민들에게 새로운 매력을 위한 프로그램을 제안했을 때, 주민들은 새로운 가치를 받아들이기 낯설어했다. 아쉬웠지만 창신동의 변화는 장기 과제로 미루고, 지랩은 자신들이 기획하던 스테이와 더불어 다양한 크리에이터의 창작물을 전시하기 위한 새로운 공간을 찾았다.

서촌에서 활동하다

그러던 와중 그들은 서촌의 오픈하우스에 참석하게 되었고, 우연히 만난 오래된 차고의 매력에 이끌려 서촌에서의 생활을 시작했다. 지랩의 새 둥지의 이름은 '서촌차고'로 지어졌다. 원래 차고였던 공간의 장소성을 남기는 것과 동시에 미국의 여러 기업이 차고에서 창업했던 '차고문화'에서 영감을 받았다.

서촌차고가 지향한 공간은 여행의 감성을 선물하는 지역상점이었다. 지랩은 그간 만난 낯선 곳의 사람들과 크리에이터와의 교감과 소통이 주는 다양한 감성과 추억을 경험하였고, 이것을 서울에서 보여주는 쇼룸을 만들고자 하였다. 덧붙여 자신들의 작업을 선보이는 스튜디오를 겸하도록 공간을 구성하였다.

차고라는 조그마한 공간에 다양한 지역 상품을 파는 서촌차고는 곧 사람들의 흥미를 끌었다. 직접 제주의 스테이를 찾아다니며 마음에 드는 공간과 상품을 찾아 전시하기도 하였고 시중에서 유명했던 브랜드

관련 잡지나, 제주에서의 지역 잡지도 판매하였다. 하지만 본래 작업실이다 보니 주말에는 대부분 문을 닫게 되었다. 사람들은 서촌 한복판 1층의 상점이 주말마다 문을 닫은 것을 보고 궁금해 했다.

이점에 착안해 주말에는 크리에이터와 디자이너에게 차고를 쇼룸으로 공유하기로 하였다. 곧 네 명의 작가들이 작가마다 2주씩 주말에 서촌차고에서 전시 및 판매를 진행하는 마켓 프로그램을 기획했다. 1년 정도 진행한 크리에이터 마켓 프로그램 이후에는 작가들과 직접 체험프로그램을 해볼 수 있는 클래스 프로그램을 이어갔다. 서촌에서의 활동이 점점 늘어나면서 서촌차고는 2층까지 활용한 서촌 창작소로 확장되었다.

스테이를 확장하다

지랩은 서촌에서 활동과 함께 기존의 관심 분야였던 스테이에 대한 영역을 지속적으로 확장해 나갔다. 비록 창업 초기였지만 제로플레이스로 만들어진 네트워크와 브랜딩을 토대로 여러 지역에서 스테이 사업을 진행할 기회를 얻게 되었다.

특히 제주도 프로젝트는 그들의 저변을 넓힘과 동시에 앞으로의 활동에 영감을 주었다. 과거의 이미지를 벗고 새롭게 여행과 문화의 장소로서 성장한 제주도에는 기존과 다른 새로운 감성을 가진 스테이가 늘어나고 있었다. 특히 잘 만든 공간과 프로그램, 소품에서 얻은 경험은 스테이가 가진 새로운 가능성을 발견할 수 있게 하였다.

100년 넘은 돌집의 가치를 지키면서 새로운 감성을 엮은 '눈먼 고래' 프로젝트도 제주도이기에 가능했다. 다른 곳에서도 지랩의 감각으로 만들어진 공간이 늘어났다. 특히 눈먼 고래에서 주민과 맺은 경험은 다음 프로젝트로 이어지는 인연을 만들기도 하였다.

2015년부터는 자신들이 고른 멋진 스테이 공간을 소개, 유통하는 스테이폴리오(Stayfolio) 서비스를 시작하였다. 스테이폴리오는 스테이와 포트폴리오[08]의 합성어로서, 이상묵 대표가 좋은 스테이를 소개하던 블로그 글에서 시작한 기획이었다.

스테이폴리오는 기존의 숙박업 중개 포털이 단순히 스테이를 연결하면서 수수료를 받는 구조에서 벗어나 고객과 스테이를 연결하는 새로운 방식을 제안했다. 본연의 이야기, 디자인, 주인의 마음가짐, 가격이라는 관점에 부합하는 스테이를 엄선하여 하룻밤을 자는 곳을 넘어서 머무는 것 자체로도 멋진 여행이 될 수 있는 곳을 제시하였다. 단순히 숙소의 가격과 사진만을 늘어놓은 것이 아닌, 공간에서 주는 경험과 가치를 설명하면서 고객을 끌어들이는 콘텐츠를 만들어 제공한 것이다. 이로써 스테이폴리오는 스테이가 가진 매력을 제대로 마케팅할 수 있는 차별화된 플랫폼으로 자리 잡으며 성장해 나갈 수 있었다.

서촌의 스테이와 수평적 호텔의 새로운 가능성

서촌에서의 활동과 스테이에서의 역량이 무르익어갈 무렵, 지랩은 자신들이 활동하는 서촌에서 스테이로 활동할 기회를 얻게 된다. 서촌의 주민 커뮤니티에서 한옥 한 채가 전세 매물로 나온 것이다. 계약을 원하는 경쟁자가 많아 열린 설명회 자리에서 지랩은 집주인에게 본인들의 스테이에 관한 역량을 소개하고 적극적으로 설득하여 계약을 끌어냈다. 안목 있는 주인이 공들여 지은 영락재는 큰 손을 대지 않고도 스테이로

지랩의 스테이 프로젝트인 〈눈먼 고래〉. 제주도 전통가옥의 가치를 재해석하여 제주도 스테이에 새로운 영감을 제공하였다. (제공: Stayfolio)

활용할 수 있는 훌륭한 자원이 되었다.

다른 지역에서 활발히 작업하였던 스테이를 주 활동 무대인 서촌에서 진행하게 되면서, 지랩은 새로운 개념을 서촌에서 펼쳐보기로 하였다. 고밀도 고층으로 지어질 수밖에 없는 도시의 수직적 호텔이 아니라, 골목이 엘리베이터가 되고 거리의 카페와 음식점이 레스토랑이 되어 마을 자체가 호텔이 되는 수평적 호텔의 개념이다.

서촌의 특징인 골목길과 경관을 고려하여 숙소와 가게들을 잇는 개념을 통해 방문객들이 자연스럽게 지역을 느끼고 즐길 수 있는 기회를 제공하고자 했다. 장기적으로 서촌에 대한 아카이브 역할을 하리라 본다.

_ 이상묵 · 지랩 대표

이러한 기획은 앞서 지랩이 많은 프로젝트를 다져놓은 다른 지역에서도 가능했겠지만, 물리적 거리의 한계로 이후 네트워크 확산이 이뤄지지 않았다. 하지만 서촌은 자신들이 일하는 곳이기에 충분히 마을에 집중할 수 있었다. 서촌차고가 가게와 손님을 맞는 리셉션을 담당하고, 지역의 카페와 음식점의 네트워크를 연결하면 호텔의 서비스가 된다. 영락재는 서촌의 수평적 호텔의 첫 번째 객실이 되는 것이다.

이후 지랩은 아담한옥, 누와에 이어 일독일박, 한권의 서점, 서촌창작소 등 서촌에서의 활동을 확장해나갔다. 그리고 서촌에서 스테이의 네트워크와 경험이 어느 정도 궤도에 올라설 즈음, 서촌에서의 마을호텔 서비스를 본격적으로 준비하였다.

서촌의 마을호텔, 서촌유희

서촌유희 프로젝트의 시작

우리가 으레 호텔이라고 하면 숙소의 기능뿐 아니라 서비스, 식당, 다양한 프로그램이 함께 제공되는 장소를 의미한다. 지랩은 스테이에 대한 경험은 많이 쌓아왔지만 이외의 서비스를 직접 제공하기에 어려움이 있었다. 마을호텔은 이러한 서비스의 공백을 마을에서 찾을 수 있다는 장점이 있었다.

지랩이 2013년 서촌에 자리를 잡고 5년 동안 동네에는 '좋은 가게'들이 점점 많아지기 시작했고 그중에서는 자신들이 만드는 스테이와 결을 맞추어 소개하고 싶은 가게도 있었다. 일상에서 만나며 발굴해낸 '좋은 가게'들을 마을호텔 플랫폼 안에서 연결하기만 하더라도 재미있는 상생 모델이 될 것 같았다. 방문객들에게는 새로운 요소를 제공하는 것과 동시에 그들만의 큐레이션과 자체 브랜드로 만든 취향에 맞는 공간들을 소개하는 것은 흥미로운 프로젝트가 되었다.

그들의 눈길을 끈 것은 이탈리아와 일본의 마을호텔 사례들이었다. 수직적으로 이루어진 통상적인 호텔의 개념을 벗어나 마을에 수평적으로 퍼져 있는 형태가 흥미롭고 매력적으로 다가왔다. 그리고 그들은 여러 공간 간의 시너지효과를 가진 마을호텔이 서촌에서는 가능할 것으로 생각했고 차근차근 자신들의 생각을 서촌유희라는 프로젝트로 옮기기 시작했다.

서촌유희, 골목길에서 발견하는 여행의 즐거움

서촌유희는 서촌에서 즐겁게 놀고 즐기는(遊戲) 프로그램이다. 낮은 건물들이 길을 따라 나란히 이어진 수평적으로 연결된 동네[09] 서촌은 방문하는 누구나 쉽게 찾아갈 수 있는 수평적 호텔이 된다. 수직적 호텔과는 달리 서촌의 골목길들이 엘리베이터가 되고 서촌의 카페와 음식점들이 호텔의 F&B가 되는 것이다.

서촌유희는 스테이를 중심으로 친해지고 싶은 가게와 함께 발굴해낸 가게들을 잇는 8개의 골목을 정해 '수평적 엘리베이터'라고 부르며 서촌을 기록하고 있다. '서촌 영락재'에서 나와 3번 엘리베이터(골목)를 타면 영국인이 만드는 영국식 디저트를 파는 '스코프'를 만날 수 있고, 곧이어 식물테라피를 통한 뷰티테라피를 경험할 수 있는 비건 화장품 공방 '비비엘하우스', 한옥 꽃집 '화려', 수제소바를 파는 '노부'가 나온다. 이렇게 엘리베이터를 타고 걷다 보면 서촌카페와 음식점, 공방들 사이로 서촌의 사람들, 풍경, 냄새들을 마주칠 수 있다.

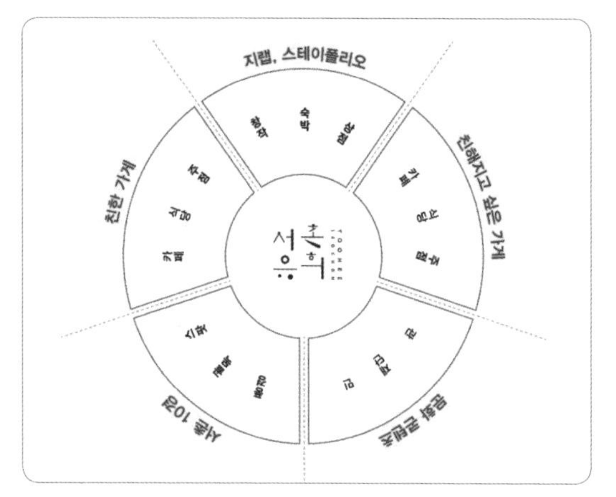

서촌유희 수평호텔 개념도. 위의 다섯가지 요소가 엮여 서촌유희를 구성하게 된다. ⓒ서촌유희

서촌스러움을 담다, 유희 스테이

여러 책방과 상점들을 지나 누하동의 좁은 골목길을 따라가다 보면 '일독일박'을 만날 수 있다. 조용한 분위기 속에서 자체브랜드 '한권의 서점'의 큐레이션으로 엄선된 한 권의 책을 읽거나, 따뜻한 물에 발을 담그고 웰컴드링크[10] 주음야독을 만들어 마실 수 있다. '하은재'는 세상으로부터 숨어든 자의 집에 대한 '다산 정약용'의 '은자의 거처'에서 영감을 얻어 만들어진 공간이다. 어디론가 숨어들고 싶을 때, 한옥의 경험을 넘어 스크린을 통해 영사되는 영화를 보며 일상을 맴돌던 삶의 질문들과 조우하는 시간을 가질 수 있다.[11]

'스코프'의 고소한 스콘 냄새를 따라 걷다 보면 '서촌영락재'와 마주한다. 6평의 작은 마당과 툇마루가 반기는 영락재는 단층 한옥 아래에 현대적으로 재해석한 지하공간이 있다. 영락재는 반전의 공간에서

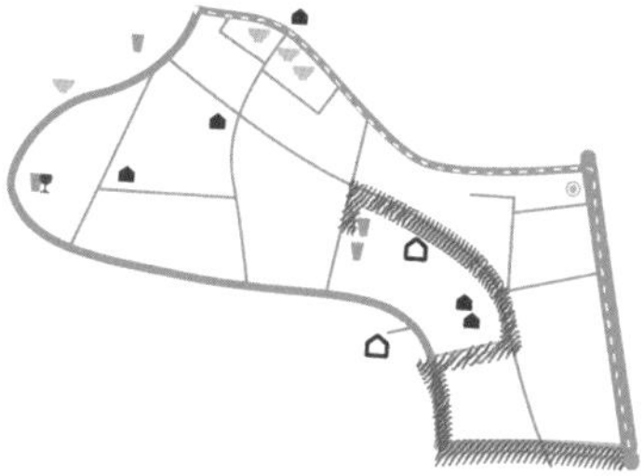

ⓒ조현호

서촌에는 총 8개의 수평적 엘리베이터가 있다.(좌) 각 엘리베이터에는 서촌유희의 스테이와 가게들, 가볼만한 곳들이 소개되어 있다. (제공: 서촌유희)

전통과 현대를 오가는 새로운 경험을 제공한다.

서촌유희는 이렇게 경험디자인을 통해 소소한 경험이 녹아든 가치 있는 투숙경험을 제작하고 이를 스테이폴리오를 통해 보여줌으로써 스테이 자체가 여행의 목적이자 이유가 될 수 있다고 이야기한다.

서촌유희는 2021년 8월 기준 서촌에서 13개의 스테이를 엮어 운영하고 있다. 가격대는 낮지 않지만 예약하려면 서둘러야 할 정도로 이들이 보여주는 스테이의 매력이 다른 호텔들과 비교해 충분한 경쟁력을 지니고 있음을 알 수 있다.

서촌유희 스테이 일독일박(좌), 하은재(우). 전통한옥의 요소는 존중하면서도, 현대적 감각을 입힘으로서 투숙객들에게 색다른 경험을 제공한다. (제공: Stayfolio)

자체 브랜드로 채워나가는 유희

서촌유희의 특별한 점 중 하나는 서촌다움에 대한 그들의 시선을 스테이 뿐 아니라 서촌유희만의 브랜드 공간을 만들어 서촌에 자신들의 색깔을 입혀나가고 있다는 것이다.

서촌유희와 스테이폴리오에서 서촌의 스테이를 예약하면 예약 창을 통해 '한권의 서점 체크인 안내'라는 글을 볼 수 있다. 일반적인 호텔에서는 로비나 프론트에서 체크인을 하게 되지만 서촌이라는 동네에 수평적으로 호텔의 기능이 펼쳐져 있는 여기에서는 '한권의 서점'에서 체크인을 하게 된다. 관리자로부터 비밀번호를 전달받아 직접 숙소로 가는 셀프체크인도 가능하지만 가급적이면, 특히 외국인의 경우는 이곳에서 체크인하도록 한다. 단순히 키를 주고받고 안내를 하는 기능을 넘어 지역을 소개하고 지역에서 즐길 수 있는 거리를 안내해 줄 수 있기 때문이다.

'한권의 서점'은 한달에 한 권의 책을 선보이면서 책방 본연의 기능도 겸하고 있다. 서촌의 가장 작은 라운지로 상상하며 디자인되었다.

서촌유희의 로비가 되는 '한권의 서점'. 길가에 위치한 친근한 느낌의 서점이지만 투숙객들에게는 서촌유희의 환대의 공간이 된다. ⓒ김민재

조선 시대 그림 '책가도'를 재해석한 가구들과 디스플레이를 통해 차분한 분위기를 보여주고 있으며, 이는 한옥 스테이와 함께 서촌의 디자인 언어를 보여주고 있다. 일반 방문객이나 길을 지나가는 사람들이 보기에는 사진을 찍어 SNS에 올릴 만한 매력적인 책방이지만, 스테이 예약 손님들이 방문할 때는 호텔의 프런트가 되는 공간이다.

'한권의 서점'이 있는 서촌 오거리 중심에 위치한 2층 건물 건너편에는 마치 '한권의 서점'의 모습을 그대로 옮겨 놓은 듯한 공간이 시선을 사로잡는다. 서촌에 머무는 외국인 관광객이 기념이 될 만한 선물을 구입할 수 있는 가게 '서촌도감'이다. 이곳은 친환경 콘셉트의 편집매장으로 흙, 나무, 천연섬유, 재활용 소재 등 환경오염을 최소화한 물건들을 만날 수 있다. 서촌도감은 지랩과 동네 커뮤니티에서 만난 에이디비오 주경민 디렉터가 맡아 운영하고 있다. 아직 준비 중인 서촌라운지는 자하문로 변의 신축 건물 고층부에 자리 잡아 음악과 차를 함께 할 수 있는 휴식처를 제공할 예정이다.

'한권의 서점'에서 미처 보지 못했던 공간도 있다. 같은 건물 2층

오래된 건물의 점포와 나란히 선 서촌도감에서는 서촌을 배경으로 한 다양한 상품들을 만나볼 수 있다. ⓒ조현호

으로 고개를 돌려 올려다보면 서촌유희의 또 다른 공간인 '서촌창작소'가 눈에 들어온다. 지랩은 서촌에서 지내며 마을의 매력적인 공방과 제작자, 크리에이터들을 알게 되었고 지역의 메이커들과 서촌을 찾는 방문객들, 혹은 공예가나 작가들처럼 창작에 관심이 있는 이들을 위한 접점을 만들고자 하였다. 일종의 코워킹 스페이스로서 창작소를 기반으로 지역의 콘텐츠를 생산하고 지역 재생의 활동을 위한 허브가 바로 '서촌창작소'이다.

현재는 서촌의 장소성을 고려해 핸드메이드, 목공, 가죽, 조향 등 공예 프로그램과 다양한 영상 사진 장비 대여 프로그램을 하고 있고 지역의 크리에이터들과 소통하며 창작자를 지원하는 커뮤니티 형성 프로그램들을 진행하고 있다.

서촌창작소의 제작실과 커뮤니티 공간의 모습. 서촌창작소는 지랩이 서촌을 어떠한 시선으로 보고 있는지 드러내는 공간이기도 하다. ⓒ김민재

마을과 플레이어의 대화

이토록 매력적인 스테이

서촌이라는 매력적인 동네에, 지랩이라는 크리에이터가 매만진 서촌유희는 시작부터 뜨거운 반응을 불러왔다. 이에 탄력을 받아 최근 서촌유희의 스테이와 가게들은 점차 늘어나고 있다. 서촌유희의 확장은 다시 서촌의 매력적인 가게들과 상호작용을 통한 상승작용을 만들어 내고 있다. 서촌유희는 이른바 마을호텔의 '선진사례' 혹은 '성공사례'라고 할 수 있다. 찾는 사람이 많아지고 동네를 즐기는 사람이 늘어난다는 점과 서촌이라는 동네를 새롭게 볼 수 있게 한다는 점에서 마을호텔의 역할을 훌륭히 수행하고 있다고 볼 수 있다.

하지만 서촌유희와 다른 사례들의 분명한 차별성은 서촌유희의

■ 서촌유희_시설
● 서촌유희_스테이
❶ 수평적 엘리베이터
마을버스(종로09)노선

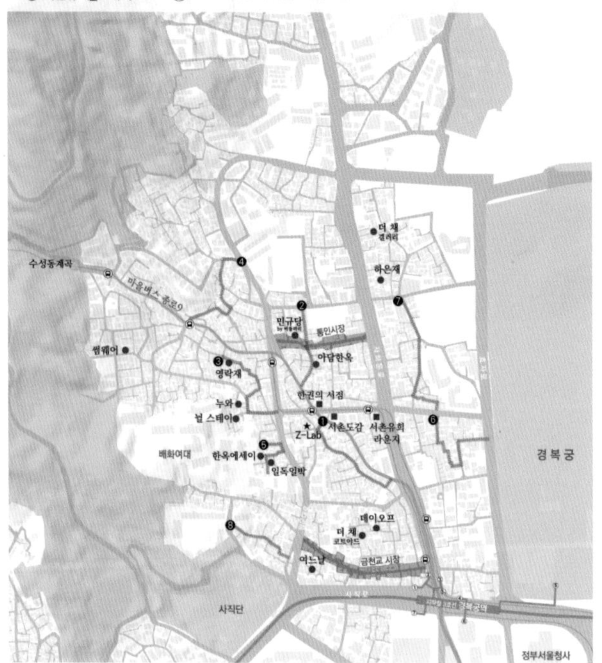

서촌유희 서비스의 분포

스테이는 그 자체만으로 방문의 목적이 되는 힘을 가지고 있다는 것이다. 지랩은 한정된 공간과 예산 안에서 치열한 고민을 통해 현대인의 취향과 감성을 자극할만한 소재와 경험을 기획했다. 스테이폴리오는 이 공간이 당신에게 어떠한 경험을 선사할 수 있을지, 이 공간의 매력은 무엇인지를 보여주었다. 이런 좋은 아이템을 만들어 낼 수 있었던, 또 만들어진 이후에는 입소문을 타게 했던 창립자들의 외적 네트워크도 탄탄했다.

지랩의 서촌유희를 보고 있노라면 이런 의문도 생길법하다. 지랩 정도의 역량이라면 어디에 가더라도 멋진 마을호텔을 만들어 낼 수 있지 않았을까?

이쯤 되면 마을호텔이라는 이름 속에서 지랩과 서촌이 가지는 관계가 궁금해진다. 마을과 단단히 엮이는 관계에 대해서는 지랩도 조심스러워했다. 서촌이 오래된 마을인 만큼, 복잡다단한 주민의 결이 쌓여 있다고 느끼고 있다. 이 때문에 어느 한쪽과의 긍정적인 관계가 꼭 좋은 결과만을 가져오지 않을 수 있다는 점도 알고 있다. 그래서 서촌 사람들이 그랬듯이 지랩이 선택한 방식도 '느슨한 관계'였다. 개인적으로 맞는 마음의 결에 따라 흐르듯 가까워지고, 관계를 위한 신중함과 배려로서 마을에 점점 가까워지는 것이다.

이토록 매력적인 마을

서촌유희의 기획자가 지랩임은 명백하지만 서촌이라는 동네와 주민이라는 배경도 서촌유희에 빼놓을 수 없는 존재이다. 개발의 바람과 자본의 유입으로부터 마을과 역사를 지켜내기 위한 주민들의 노력과 자부심이 없었다면 우리가 지금 알고 있는 서촌도, 서촌에 매력을 느낀 지랩도 없었을 것이다. 이렇게 지랩과 같은 크리에이터들의 자발적 활동을 끌어내고, 그들의 활동에 '응답'하는 주민들 덕분에 지랩과 서촌은 꾸준한 대화를 이어나가면서 서촌유희의 페이지를 늘려나가고 있다.

젠트리피케이션을 겪고 나니 원래 서촌에 있던 사람들 간의 단단함으로 거대자본이 들어와도 어느 것이 옳고 그른지 판단할 수 있기 때문에 거대자본이 가진 힘에도 이겨낼 수 있다.

_ 박중현 · 지랩 대표

점심식사 후, 강남을 산책하는 일상과 몇백 년의 시간이 있는 서촌의 골목을 산책하는 일상은 완전히 다르다. (중략) 아파트 키즈로 자란 세대가 한옥과 골목을 경험하고 이해하는 과정에서 '새로운 서울'이라는 정체성과 감성이 발산하는 문화가 생기기라 생각한다.

_ 노경록 · 지랩 대표

젊은 사람들이 매력을 느끼는 동네는 찾아보기 어렵지 않을 수 있다. 하지만 앞서 사례와 같이 동네를 더 좋은 방향으로 이끄는 활동에 응답하고 대화가 가능한 동네는 많지 않다. 마을 주민들이 만들어 가는 동네의 활력과 분위기에 지랩은 서촌을 선택했다. 그리고 오랜 기간 대화와 관심을 통한 상호작용으로 서서히 서촌에 녹아들고 있다.

이제 지랩에게 서촌은 새로운 고향이다. 그리고 후에 서촌을 이야기한다면, 자신들의 이름도 어디선가 회자될 수 있기를 바라는 꿈도 꾸고 있다. 이토록 멋진 마을이, 이토록 멋진 스테이를 만드는 사람들로 더 커지고 단단해져 간다. 서촌유희의 앞날이 기대될 수밖에 없는 이유다.

Note

01 지금의 옥인동 산자락에 위치했던 친일파 윤덕영의 저택. 한국전쟁 이후 UNCURK의 본부로 활용되다가 1966년 화재로 소실되었다.
02 서울역사아카이브(https://museum.seoul.go.kr/)
03 도시의 자연환경을 보호하기 위해 지정한 지역으로 현재는 주로 (자연)경관지구로 대체됨
04 도시의 낙후되고 기능이 저하되는 지역을 정비하기 위해 재개발, 재건축 대상인 지역을 지정하는 서울시 단위의 계획.
05 2017년 서울시는 옥인1구역에 대한 정비구역을 직권해제하였다.
06 도혜원, 변병설(2017), "서울 서촌의 젠트리피케이션 요인분석 연구", 『국토지리학회』, 320p
07 임희지(2012). 서촌지역 정책평가를 통한 향후 발전방안. pp.52
08 서류가방을 의미하지만 건축, 미술, 사진 등의 작품집이나 금융 자산 명세표를 지칭하는 말로 사용된다.
09 서촌유희(http://yoohee.kr/)
10 숙소 등에서 손님이 도착했을 때 응접을 위해 내어놓는 간단한 차나 음료
11 서촌유희(http://yoohee.kr/)

Reference

01 도혜원, 변병설(2017), "서울 서촌의 젠트리피케이션 요인분석 연구", 『국토지리학회』, 320p
02 신현준(2015), "오래된 서울에서 진정한 도시동네 만들기의 곤란", 『도시사학회』, 27p
03 임희지(2012), "서촌지역 정책평가를 통한 향후 발전방안", 『서울연구원』
04 서울역사박물관(2010), "서촌. 역사, 경관, 도시조직의 변화", 『2010 서울 생활문화자료조사』
05 김규원 외(2020), "서촌, 살다 보니", 『역사책방』
06 내 손안에 서울 (http://mediahub.seoul.go.kr/)
07 문화체육관광부 공감 (http://gonggam.korea.kr/newsView.do?newsId=01JKQYy7IDGJM000&pageIndex=1)
08 서울역사아카이브 (https://museum.seoul.go.kr/)
09 묵사마의 좋은장소이야기! (https://m.blog.naver.com/archiry/221496343837)
10 서촌유희 (http://yoohee.kr/)
11 달라진 靑 '소통행보'에 이해관계 충돌하는 '앞마당', 시사저널(2017.8.20.) https://www.sisajournal.com/news/articleView.html?idxno=170973
12 [르포]"22년 만에 최악" 서촌 빈 가게들…떠나려는 사람만 있다, 머니투데이(2019.12.25.) https://m.mt.co.kr/renew//view.html?no=2019122421300888733&MVB_P
13 경실련 "임차인 생존권 위협 궁중족발 강제집행 중단해야", 뉴스1(2018.6.5.) https://www.news1.kr/articles/?3337081
14 청와대로 향하는 도로 통제, 뉴시스(2016.11.12.) https://news.joins.com/article/20861816

지역 커뮤니티를
큐레이팅하다

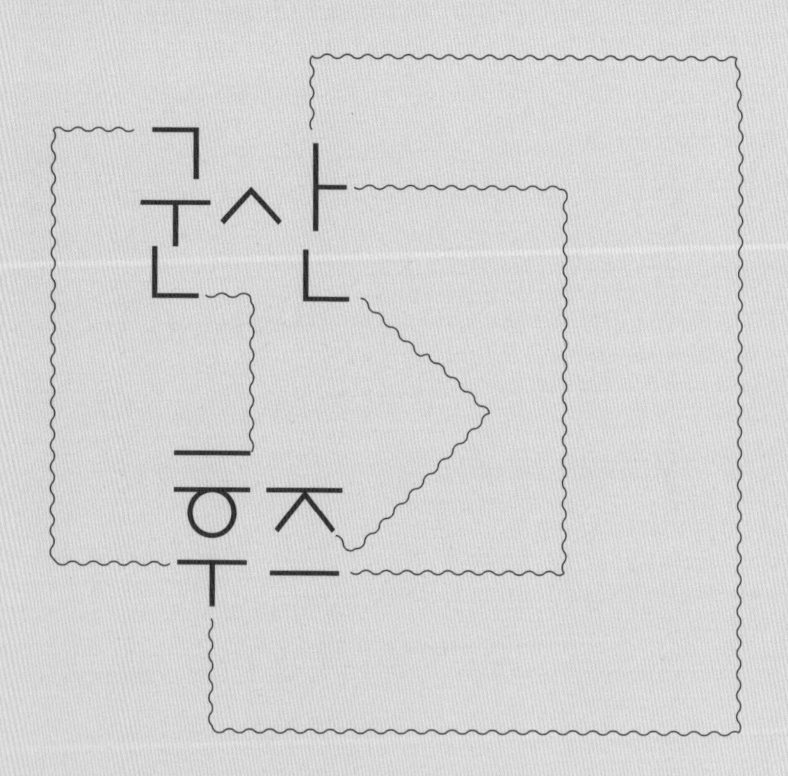

UOS 마을호텔탐험대 김유선 · 이이주

영화타운과 커뮤니티 호텔 '후즈'는 여행자들이
군산과 영화동을 새롭게 경험할 수 있도록
색다른 공간과 프로그램을 제공한다.
그리고 묻는다.
Who's There? Who's Next?
이곳은 생기 넘치고, 즐겁고, 매우 따뜻한 곳이라고
군산을 만끽할 준비가 되어 있느냐고 인사를 건넨다.

©이이주

일제 수탈의 아픔을 간직한 도시

군산의 흥망성쇠

이렇게 에두르고 휘돌아 멀리 흘러온 물이 마침내 황해 바다에다가 깨어진 꿈이고 무엇이고 탁류째 얼러 좌르르 쏟아져 버리면서 강은 다하고, 강이 다하는 남쪽 언덕으로 대처 하나가 올라앉았다. 이것이 군산이라는 항구요, 이야기는 예서부터 실마리가 풀린다.

_ 채만식, 「탁류」 중에서

서해를 마주한 장미공연장 앞에서 기억을 되살리며 '탁류'의 등장인물들을 마주한다. 1930년대 일제강점기의 부조리한 사회를 풍자와 냉소로 그려낸 소설 '탁류'의 배경이 되었던 군산은 일제의 옛 흔적들을 소환하며 근대문화유산이라는 관광자원을 만들어 가고 있다.

군산은 우리나라 최대 곡창지역 배후지로 일제강점기 미곡 수탈을 목적으로 일본의 강압에 의해 개항되었다. 일본은 전북, 충남 등지에서 생산된 쌀을 저렴하게 자국에 공급하였고 군산이 금강 하구에 위치한 교통의 요충지라는 지리적 이점을 활용하여 일본 상품을 반입하고 유통할 수 있는 전략적 기지로 활용하였다.

군산항이 위치한 영화동과 월명동은 각국의 거류지와 세관, 우체국, 은행 등 관공서와 상업 시설이 밀집하였고 유통을 위해 부두시설, 도로와 철도가 정비되었다. 또한 대규모 쌀 반출을 용이하게 하기 위한 사회기반시설들이 확충되고 정미업이 성장하며 쌀을 보관할 수 있는 창고가 항만을 따라 설치되었다.

유럽 건축양식을 혼합한 (구)군산세관 본관 ⓒ김유선

군산은 개항 이후 전국에서 가장 빠른 인구증가율을 보였는데 개항 당시 588명에 불과했던 인구는 1944년에 이르러 5만8천 명으로 100배 성장했다.[01] 해방 이후 일본 자본이 철수하고 항구의 주요 기능이었던 쌀 반출과 교역이 사라지자 군산 내 관련 산업과 시설들은 급속히 쇠퇴하였다.

6·25전쟁 이후 미군이 군산에 주둔하면서 일본이 만든 공군비행장을 공군기지로 사용하게 되고 주변에 기지촌이 형성되었다. 미군은 토지 구획 정비가 잘 된 영화동을 위락단지로 지정하였다. 영화동은 군산항을 통해 미군들이 드나드는 길목으로 유흥가와 상가들이 대거 형성되었다. 자연스럽게 영화시장에는 미국산 제품들을 파는 '양키시장'이 조성되었다.

1970년대 외항의 개발로 군산의 공업시설들은 공업단지로 이전되었고, 군산은 자동차 산업과 조선업을 주력으로 한 공업중심도시로 성장하였다. 하지만 핵심 기업이었던 현대중공업 군산조선소가 2017년 가동을 중단하였고 한국GM 군산 공장도 2018년에 문을 닫았다. 이렇게 주력 산업이 붕괴 되고 실직자가 급격하게 증가하면서 군산시는 정부로부터 고용위기지역[02]과 산업위기대응특별지역[03]으로 지정되었다.

지역을 되살리려는 다양한 움직임

1천만 평의 산업단지 조성, 대우자동차 생산공장과 현대중공업 조선소 설립, 새만금 방조제가 완공된 후 군산시와 군산 시민들은 군산의 발전에 큰 기대를 걸었지만, 대기업과 제조업 중심에 의존한 지역경제는 산업의 쇠퇴와 함께 위기에 직면하였다.

한편, 군산시청 등 주요 행정기관이 신시가지가 형성되면서 도시 외곽으로 이전하고 군산 시가지의 중심이었던 영화동은 급속히 쇠락하였다. 2000년대 초반 일제강점기 건축물에 대한 관심이 근대문화유산으로 보존해야 한다는 움직임을 일으켰고, 군산시도 지역 재생을 위해 시대적 주요자산을 재정비, 재구축하는 것을 주요 전략으로 원도심에 활력을 불어넣고자 하였다. 부둣가 주변을 근대문화 벨트지구로 지정하여 근대역사박물관을 건립하고, 방치되었던 일제강점기의 은행들을 복원하여 군산근대건축관과 미술관으로 조성하였다. 거의 사용되지 않고 있는 선착장은 진포해양테마공원으로 재정비하였다. 일본인들이 주로 거주하였던 영화동과 월명동은 역사경관지구로 조성하고 근대시간여행을 테마로 한 근대 탐방로를 조성하였다.

(구)시청광장과 우체통 거리 ⓒ김유선

영화동, 월명동이 2014년 국토부 도시재생선도사업 대상지로 선정되어 근대역사문화도시를 구현하는 도시정비가 원도심 전체로 확산되었다. 활성화계획의 목표는 크게 네 부분으로 근대건축 보전, 주거정비, 상가 활성화 기반조성, 지역공동체 역량 강화에 두었다. 낙후된 근대건축물을 리모델링하게 되면 비용이 지원되면서, (구)시청광장 정비 등 관광 활성화를 위한 거점시설들이 조성되었다.

원도심의 도시재생활성화지역은 상권의 쇠락, 유동 인구 급감으로 빈 점포가 늘어나고 지역경제가 침체되는 공통적인 문제를 가지고 있다. 그 때문에 각 지자체에서는 빈 점포를 활용할 수 있는 청년창업가들을 모집하고 시장을 활성화하는 정책을 유사하게 펼쳤다. 정부는 청년상인 육성과 전통시장을 활성화 한다는 취지로 청년몰을 전국적으로 조성하였다. 하지만 충분한 시장분석, 창업가들의 전문적 교육, 맞춤형 공간구성 등 정교한 기획과 프로그램이 부족하였다. 유휴공간을 활용한 창업지원은 대부분 성공적인 결과를 거두지 못하고 창업을

근대 역사 체험 및 숙박시설 여미랑 ⓒ김유선

했던 청년들의 절반 이상이 폐업을 하고 있다는 비판이 종종 언론을 통해 보도되고 있다.[04]

이러한 실패를 반면교사 삼아 건축공간연구원(auri)[05]과 군산시는 원도심 영화동에 위치한 영화시장에 도시재생스타트업 활성화를 위한 지원방안 프로그램을 구상하고 실행에 옮겼다.

지역 재생의 핵심, 사람을 키우다

도시재생의 새로운 모델, 액티브로컬

2017년 11월, 군산 영화동에는 새로운 바람이 불었다. 바로 영화시장을 개편하기 위한 예비 창업가 지원 프로젝트인 '액티브로컬(Active

Local)'이 시작되었기 때문이다. 흔히들 창업지원이라고 하면 실속 없는 지원금 뿌리기 사업이라고 생각하기 십상이지만, 군산은 무언가 달랐다.

액티브로컬의 시작은 일본의 리노베이션스쿨(Renovation School)에서 유래한다. 일본의 도시재생정책인 중심시가지 활성화법 제정 이후 수립된 중심시가지 활성화계획들은 국비 보조금에 의존하는 사업이 많았다. 또한, 공공에 대한 높은 의존도에 따른 자체적인 비즈니스 모델 구축 실패로 보조금 교부 종료 이후 자연스럽게 해체되는 경우가 많이 발생하였다.

이에 보조금을 최소화하고 사업성 평가를 통해 참여 주체와 지역 투자자들의 투자와 출자를 받아 이를 기반으로 사업을 시행하게끔 하는 리노베이션 마치즈쿠리(まちづくり)가 대안으로 제시되었다. 이것은 도시계획의 큰 틀 안에서 리노베이션스쿨을 통해 새로운 재생사업을 발굴하고, 민간이 공공의 보조금 없이 야모리회사[06]가 지속적으로 유지관리하는 것이다. 도시재생사업에 지역 주민과 상인 이외에 건물주, 투자자, 도시재생회사, 예비 창업자들이 중심이 된다는 점에서 기존 도시재생 방법론인 주민참가형 마치즈쿠리와 차별된다.

이러한 과정을 한국에 적용하기 위해 건축공간연구원에서 도시재생형 창업지원 프로그램인 '액티브로컬'을 개발하여 군산시와 함께 군산시 도시재생선도사업의 단위사업인 영화동 영화시장을 대상지로 진행하였다. 액티브로컬은 단순 지역재생사업, 창업지원사업과 달리 예비 창업가들이 영화시장을 중심으로 새로운 경제활동을 지속적으로 이어나갈 수 있는 비즈니스 모델 수립을 지원하는 것에 초점이 맞춰져 있다.

로컬디자인무브먼트 (예비창업자 담당)	예비창업자 콘텐츠 강화, 분야별 전문가 연계, 사업성 확보를 위한 소규모지역 전체 컨셉 수립, 공간 스타일링
건축사무소 블랭크 (주민, 상인 담당)	기존 주민, 상인과의 협력, 소통, 단일 건축물 설계
어반하이브리드 (건물주 담당)	건물주와의 소통, 수익구조 검토, 투자자 유치
앤스페이스 (외부 홍보 담당)	액티브 캠프의 스토리텔링화, 지역정보 발신, 예비창업자 및 투자자 대상 액티브 캠프 홍보
건축공간연구원 (행정담당)	해당 지방정부 부서 내 및 부서간, 타 행정기관 간, 지방정부와 중앙정부간 소통 및 중재 역할, 민간주체 서포트 역할

액티브로컬 컨소시엄 역할분배 ⓒ윤주선 재정리

따라서 지역 소통부터 시작해서 창업지원, 지속적인 관리를 위한 운영사 설립까지, 창업자 역량 강화와 젠트리피케이션 방지를 위한 제도적 장치를 마련하는 내용이 포함되어 있다.

액티브로컬의 핵심은 기존 사업유형별로 공공이 제공하는 매뉴얼에 따라 지역 특성과 무관하게 적용되는 도시재생 교육이 아닌, 현장 맞춤형으로 4개월간 사전 기획 후 적용되었다는 점과, 프로그램 이후에도 후속 과정을 독립적으로 수립했다는 것에 있다. 특히 4개월간의 사전기획은 공공주도가 아닌 민간주도로, 도시재생 스타트업 '블랭크'[07], '로컬디자인무브먼트'[08], '어반하이브리드'[09]가 건축공간연구원과 함께 컨소시엄을 맺어 주도적으로 진행하였다.

액티브로컬의 메인 프로그램인 액티브로컬 캠프는 2박 3일간 진행되는 단기 집중형 도시재생 엑셀러레이터 프로그램으로, 각 창업 분야별 전문가들과 예비창업자 참가자들이 각 건물에 대한 구체적 사업 계획안을 수립하고 이를 투자자와 건물주에게 발표하여 동의를 얻는 절차로 진행된다. 최종발표를 통해 선발된 우선협상대상자는 최대 3천만 원의 창업지원금과 프랜차이즈 창업 노하우 등 후속 창업교육을 받게 된다.

이뿐만 아니라 지역관리회사(Area Mangement Company)의 설립을 통해 액티브로컬의 예비창업자들을 하나의 팀으로 묶고 설계, 시공, 마케팅, 지속적인 운영관리, 신규점포 입점 등을 총괄하도록 하여 지속 가능한 영화시장이 되도록 구조를 만들었다.

지역관리회사란, 일본의 야모리(家守) 회사, 미국의 CDC (Community Development Company)의 한국형 모델로, 액티브로컬로 인해 발생한 사업이 폐업위기를 맞거나, 인근 다른 점포에 공실이 생겼을 때 외부의 도움이 아닌 내부에서 콘텐츠를 만들고 우수한 팀을 구성하여 새로운 사업으로 전환이 가능하도록 함으로써 지역의 쇠퇴에 자립적으로 대응할 수 있는 수익형 에어리어 매니지먼트 회사이다. 또한, 점포 수익의 일정비율을 기금으로 만들거나 지역자산화를 통해 융자 등의 방식으로 지원된 사업비를 회수하고 해당 지역재생에 투자될 수 있는 수익 선순환 역할을 담당한다.[10]

_ 윤주선 · 건축공간연구원, 2015

액티브로컬이 시행된 이후, 이를 모티브로 제주에서는 리노베이

도시재생 스타트업챌린지 포스터
ⓒ제주도시재생지원센터

로컬비즈스쿨 포스터
ⓒ대전광역시 도시재생지원센터

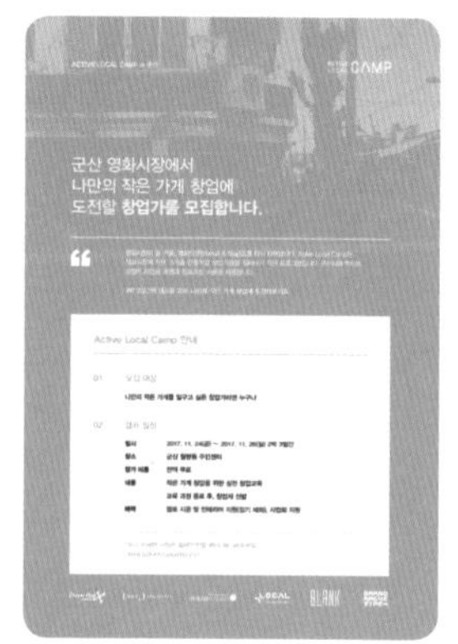

액티브로컬 포스터
ⓒ건축공간연구원

제3회 리노베이션스쿨in제주 포스터
ⓒ제주창조경제혁신센터

션스쿨 원형의 모델을 일본 리노베링과 MOU를 통해 제주도시재생지원센터와 제주창조경제혁신센터에서 2018년부터 2020년까지 총 3회에 걸친 리노베이션스쿨을 운영하였다.

또한, 도시재생 사업 측면에서 상생협약을 통해 빈 점포를 적극적으로 활용할 수 있도록, 소규모 공간창업을 유도하는 도시재생형 창업 지원프로그램인 '제주 도시재생 스타트업 챌린지'와 '대전 로컬비즈스쿨'이 운영되었다.

민간기업이 지역재생에 도전? 로컬라이즈 군산

2017년 성황리에 액티브로컬 캠프가 종료되고, 군산은 아직 새바람의 여운이 가시지 않은 듯하였다. 액티브로컬의 영향으로, 군산을 기반으로 에너지 사업을 하는 SK E&S에서 지역 일자리 창출에 기여하기 위해 최초의 민간기업 주도 소셜 벤처 육성 지역재생 프로젝트 '로컬라이즈(Local-rise) 군산'을 기획했다.

로컬라이즈 군산은 지역 소셜벤처 거점 공간을 조성하여 로컬 창업가들이 이 공간을 '코워킹스페이스(Co-working Space)'로 활용하도록 하고, 이를 기반으로 지역과 사람 간의 네트워크를 구축하고 로컬비즈니스를 발전시킬 수 있도록 한다. 로컬라이즈 군산의 주요 과정은 프리 캠프(Pre-camp)를 통해서 군산의 지역문제를 해결하고자 하는 로컬크리에이터들을 선별하고, 이후 인큐베이팅(Incubating) 프로그램과 엑셀러레이팅(Eccelerating) 프로그램으로 나누어 이들의 성장을 지원한다.

인큐베이팅은 예비창업자들을 대상으로 하는 지역 맞춤형 신규사업 아이템을 찾는 프로그램이고, 엑셀러레이팅은 초기 스타트업을 대상으로 하며 본인의 사업 아이템을 창업 교육 및 지역탐색을 통해 지역에 알맞은 형태로 창업을 실행할 수 있도록 지원한다. 이 과정에 있어서 창업분야 코치와 지역코치가 주도로 교육하는데, 액티브로컬의

군산 원도심에 활력을 불어 넣고 있는 로컬라이즈타운
ⓒ김유선

영화동에 불어온 새로운 생기, 로컬라이즈업 페스티벌
ⓒ로컬라이즈군산

후속 과정 담당인 지역관리회사 ㈜지방이 지역코치로 활동하였다.

정규프로그램 중에는 숙박과 24시간 코워킹스페이스 모두 무료로 제공되며, 수료 이후에도 성공적인 비즈니스 구축을 위해 지역 및 창업 분야에 대한 네트워킹과 지역자원 연계를 지원한다. 지원과정 중에는 중간발표와 최종 성과발표의 내용이 포함되는데, 순위가 매겨지는 경쟁방식이 아닌, 서로의 사업을 공유하고 아이디어를 주고받는 네트워크 중심의 행사로 진행된다.

로컬라이즈 군산은 액티브로컬과 달리 거점공간을 중심으로 지역과 연계되는 것에 있어 큰 강점을 가진다. 로컬크리에이터들의 네트워크 플랫폼을 지향하는 거점공간 '로컬라이즈 타운'은 영화동 중심에 위치한 3층 건물이다. 로컬라이즈 타운 1층은 '카페 & 셀렉숍'으로 정규프로그램의 교육과정이 진행되기도 하며 셀렉숍을 통해 크리에이터들의 완제품을 시판해보는 실험실이기도 하다. 또한, 카페를 통해 지역 주민과 자연스럽게 어우러진다. 2층과 3층은 군산 최초의 코워킹스페이스로, 참가자들의 업무공간이자 네트워킹공간이다. 같은 공간에서 함께 일하며 생긴 시너지효과로 다양한 협업프로젝트들이 생기기도 했다.

2019년 10월 12일, 영화동은 간만에 복작복작 활기를 띠었다. 로컬라이즈 팀들이 그간의 기록들을 기념하는 축제를 열었기 때문이다. 이 '로컬라이즈 업 페스티벌'은 액티브로컬의 결과물인 영화타운의 콜라보로 영화타운에서 로컬라이즈 타운까지의 거리를 중심으로 펼쳐졌다. 이 페스티벌은 각 창업팀이 만든 굿즈, 기획한 투어 프로그램, 로컬 스토리텔러가 들려주는 군산 이야기 등 다양한 창업 결과물들을 뽐내기도 하고 참여할 수 있도록 구성되었다. 또한, 창업팀뿐 아니라, 지역 소상공인과의 대화의 장을 마련하여 지역 주민과 함께 화합할 수 있는 자리가 되었다.

청년 창업가들의 놀이터, 영화동

지금의 군산 영화동이 있기까지 액티브로컬, 로컬라이즈 군산 등 많은 움직임이 있었는데 이 중심에는 지역관리회사 ㈜지방이 있었다. 액티브로컬의 후속 과정을 담당하기로 했지만, 그 과정이 순탄하지만은 않았다.

액티브로컬 캠프가 종료되고, 액티브로컬 컨소시엄이 해체, 철수하였고 모든 법적 관계를 맺어나가는 과정은 오롯이 지역관리회사 몫으로 건물주와 창업자들 간의 관계를 만들어나가야만 했다. 액티브로컬 캠프의 주요 목적이 지역의 지속성이 보장된 자립이었기에 어쩌면 이러한 상황이 당연했을지도 모르겠으나 지역관리회사 입장에서는 퍽 난감했었다고 한다. ㈜지방을 설립한 조권능 대표는 지역을 기반으로

영화타운의 낮과 밤 ⓒ김유선

점포명	요약	주소
돈키호테	스페인요리	군산시 구영6길 111-7
수복	사케	군산시 구영6길 111-7
꽃신도깨비	핸드메이드 로컬샵	군산시 동령길 16
해무	바이닐 바	군산시 구영5길 104-13
럭키마케트	펍	군산시 구영6길 101-4

영화타운 내 ㈜지방에서 관리하고 있는 공간(2021년 8월 기준)

사업을 하고 있던 본인의 배경과 액티브로컬에서 유닛 마스터로서 활동하며 쌓인 참가자들과의 신뢰가 합쳐져 무사히 지역과 창업자들을 연결할 수 있었다.

㈜지방은 일종의 공공역할을 하지만 철저히 사업성을 띠고 있다. '부동산 전대업'으로 사업자 등록이 되어있으며, 수익모델은 전대업을 통한 수수료 모델[11]로 하고 있다.

영화동에는 2021년 8월 기준으로 5개의 공간이 있으며, 그 중 커뮤니티 호텔과 호텔라운지인 '럭키마케트'를 직접 운영하고 있다. ㈜지방의 첫 시작은 영화타운이었지만 로컬라이즈 군산의 지역코치로 뛰어들면서 군산 전체를 바라보고 있다. 또한 이러한 지역과의 연계점들은 단순 전대 사업뿐 아니라, 소상공인들을 위한 지원 차원에서 마케팅 컨설팅 등 다양한 지원으로 이어지고 있다.

이런 든든한 소통창구이자 지역과의 연결점이 있다 보니 군산 지역의 창업자들을 비롯하여 다른 지역의 로컬크리에이터들도 군산에 안정된 정착을 기대하고 있다. 군산을 오래 그리고 멀리 바라볼 수 있는 환경이 조성되었으니 이들의 꿈은 이제 다르지 않다. 나와 같은 꿈을 가진 다른 창업자들이 군산에 매력을 느껴 함께 연대할 수 있는 사회를 구성해 나가는 것이다. 군산의 지역경제는 과거에는 거대 산업으로 유지되었으나, 현재는 이런 소소하지만 원대한 꿈들이 모여 이루어지고 있다.

영화타운을 연결하는 커뮤니티 호텔, 후즈

'영원히 조화로운 커뮤니티'을 꿈꾸며

건물 위로 우뚝 솟아오른 굴뚝은 목욕탕이었던 세월의 흔적을 이야기한다. 2008년까지 약 40년 동안 목욕탕과 여관으로 사용되었던 이 오래된 붉은 벽돌 건물 3층에 2020년 5월 '후즈데어'가 문을 열었다. 1층과 2층에는 '이당미술관'이 지역 예술가들의 등용문이자 지역 미술관으로 역할을 하고 있다.

㈜지방의 조권능 대표와 ㈜로컬프렌들리 김수진 대표는 함께 커

후즈데어 외관(좌), 럭키마케트(우상), 후즈데어 내부(우하) ⓒ김유선

뮤니티 호텔 '후즈'를 계획했다. 군산 출신인 조 대표가 '로컬라이즈 군산'에서 경험과 노하우를 전수해 주는 지역 코치 역할을 하면서 타지에서 내려온 예비창업자 김 대표를 만난 것이 인연이 되었다.

조 대표는 지역관리회사를 운영하면서 본인이 임대하여 관리하는 영화시장 내 점포와 상생할 수 있는 자신만의 비즈니스모델을 찾았다. 방문객들이 영화타운의 매력을 느끼며 좀 더 많은 시간을 보내고 즐기기 위해서 이곳에 커뮤니티 호텔이 필요하다고 생각했다. 한편, 시민단체에서 일하며 지역사회에 관심이 높았던 김 대표는 소도시의 지속가능한 삶을 위해서는 생활공동체가 단단해야 한다고 생각하고 있었다. '로컬라이즈 군산' 프로젝트에 참여하며 숙박과 커뮤니티를 결합하는 창업 아이템을 찾았고, 조 대표를 만나 예상했던 시간보다 일찍 커뮤니티 호텔 '후즈'를 창업할 수 있었다.

이들이 계획한 첫 번째 호텔이 옛 영화장에 들어선 '후즈데어', 두 번째 호텔은 영화타운 내 '후즈넥스트'로 2021년 10월에 오픈했다. 후즈의 체크인 장소는 도보로 1분 거리에 있는 영화타운 내 럭키마케트이다. 럭키마케트는 조 대표가 직접 운영하는 펍으로, 공간을 자연스럽게 분리하여 커뮤니티 호텔의 컨시어지[12] 역할을 하고 있다. 숙소를 예약한 여행객들을 응대해 주고 지역의 소모임 정보 등을 얻고 참여할 수 있는 연결점이 된다. 또한 지역에서 제작된 다양한 지역 상품을 구입할 수 있는 소규모 판매점도 겸하고 있다.

처음 럭키마케트를 들어섰을 때 아메리칸 스타일의 인테리어와 메뉴가 단지 젊은이들의 취향을 끌기 위한 분위기라고 생각했지만, 그 이면에는 영화타운의 지난 시간이 담겨있었다. 영화타운으로 리모델링한 옛 영화시장은 해방 이후 미국 대륙에서 건너온 미군들이 많이 이용하는 시장이었는데 조 대표 역시 학창시절 영화시장의 주요 고객인 미군들을 자주 볼 수 있었다고 한다.

군산시민들은 미군의 주재로 미국의 문화를 쉽게 접할 수 있었고 그들의 생활 속에서 도시의 모습으로 기억하고 있다. 하지만 조 대표는 많은 사람들이 군산을 근대 역사·문화 도시로만 알고 시의 정책도 특정 시대를 중심으로 홍보하는 아쉬움이 있었다. 일제강점기뿐만 아니라 20세기 군산 영화동의 다양한 시간적 층위들을 보여주고 싶었던 조 대표는 그 시대 느꼈던 영화타운의 감성을 본인이 운영하는 공간에 녹여냈다. 필자가 방문했을 당시에도 외국인들이 식사하고 있었고 주말에는

체크인, 어디서 하나요? 럭키마케트 내부 ⓒ김유선

미국인들도 많이 방문한다고 한다.

조 대표는 지역관리회사를 운영하며 럭키마케트와 호텔 후즈처럼 본인이 직접 공간을 운영하는 사업은 반드시 필요했던 선택이었다고 한다. 우선 지역관리회사가 임대 관리를 하며 받는 수수료는 아직까지 크지 않아 꾸준히 수입을 마련할 수 있는 사업체가 필요했다. 나아가 본인이 영화타운 내 직접 점포를 운영하며 책임감을 가지고 운명공동체로 임차인들과 보다 깊은 신뢰를 형성하고 싶었기 때문이다.

㈜지방은 지역관리회사로서 크게 세 가지 역할을 담당하고 있는데 첫 번째는 지역을 개발하는 것이다. 임차인에게 영업공간을 제공할 수 있는 자산 확보와 임대차 업무, 공간 운영관리이다. 두 번째는 지역을 관리하는 것이다. 노후 공간을 개선하거나 청소, 방역 등을 통해 영화타운이라는 자산 관리에 힘쓰고 있다. 또한 영화타운 상인회의 총무

를 맡으며 기존의 상인 등을 비롯하여 지역 내 갈등을 중재하는 역할을 하고 있다. 마지막으로 지역을 경영하는 것이다. 민간투자나 공공지원을 유치하고 영화타운 전체 또는 개별 점포의 마케팅, 이벤트 등을 통해 영화타운의 경쟁력을 높이기 위한 노력들을 하고 있다.

지역을 큐레이팅하다

'후즈'의 객실관리와 프로그램 운영을 담당하고 있는 김수진 공동대표는 커뮤니티 호텔은 지역의 생태계와 긴밀하게 연결되어 있다고 생각한다. 그렇기 때문에 지역의 특성에 따라 다양한 형태로 존재할 수 있으며 한 가지 유형으로 정의 내리기 어렵다고 이야기한다.

커뮤니티 호텔 '후즈'의 차별화된 전략 첫 번째는 '느슨한 환대'이다. 한옥 호텔 '봉황재'가 있는 공주는 마을 곳곳을 찾아다니며 숨은 그림을 찾는 재미가 있지만, 군산은 이미 근대문화유산이라는 테마로 관광화가 되어 방문객들은 많은 정보를 가지고 군산에 온다. 그래서 김수진 대표는 방문객들에게 공통된 정보를 제공하기보다 그들의 관심사에 맞게 지역을 즐길 수 있도록 맞춤형 안내를 제공하는 것이 유용하다고 생각했다.

김 대표는 커뮤니티 호텔 운영 요소를 하드웨어, 소프트웨어, 휴먼웨어로 구분할 수 있으며 '후즈'의 운영에 있어 가장 중요한 요소는 휴먼웨어라고 생각한다. 휴먼웨어인 운영자는 환대의 문화를 만들며 다른 마을호텔과 차별화시키고 있다. 새로운 지역을 방문했을 때 우리에게 좋은 인상을 남기는 것 중 하나는 지역 사람들에 대한 기억일 것이다. 김수진 대표는 군산의 방문객들에게 전하는 환대의 행위를 우선

'후즈'를 연결하는 '영화타운'과 '로컬라이즈 군산'의 창업가들과 시작하고 싶다고 한다.

2020년은 감염병 유행으로 안정적인 운영이 어려워서 아직 시스템이 체계화되어 실현되고 있지는 않지만 방문객들을 커뮤니티 구성원으로 반길 수 있는 다양한 경험을 기획하고 있다. 방문객들이 영화타운이나 관계를 맺고 있는 다른 상점들을 방문하게 되면 커뮤니티 구성원으로 환대 받을 수 있는 표식을 구상하고 있다. 마치 놀이동산의 자유이용권 팔찌처럼 표식을 달고 있는 사람들은 그들이 형성해 놓은 커뮤니티의 멤버로 대접 받는 것이다.

'후즈'의 두 번째 차별점은 군산 '후즈'의 분위기를 만들어 나가기 위한 지역 소상공인들과의 연결이다. 커뮤니티 호텔 '후즈'는 군산에서 생산하는 지역 상품으로 하나씩 채워져 나갈 계획이다. 커뮤니티 호텔에서 사용하는 물품들을 지역의 소상공인과 함께 개발하여 '후즈'에 지역의 분위기를 담아내는 것이다. 현재는 지역에서 생산한 이엠(EM)[13]을 활용한 샤워용품을 공급받고 있다. 또한 군산의 지역 공방과 함께 비누를 개발하였는데 이제 곧 오이엠(OEM)[14]방식으로 납품을 받을 예정이다. 그렇게 '후즈'의 공간들에 지역의 색을 담아 차별성을 만들어가려고 한다.

마지막으로는 김수진 대표가 기획하고 운영하는 다양한 커뮤니티 프로그램이다. 김 대표는 지역 내 커뮤니티 활성화를 위해 워크숍, 강연, 소모임 등을 정기적으로 개최하고 있다. 2020년에는 동네를 구석구석 다니며 함께 사진도 찍고 글도 쓰며 기록을 남기는 프로그램인 '동네쌀롱'을 정기적으로 운영했다. 이와 같은 활동들을 지속적으로 마

동네쌀롱 1회 ⓒ로컬프렌들리

동네쌀롱 3회 ⓒ로컬프렌들리

련하여 지역과 사람들의 접점을 만드는 콘텐츠를 발굴하고, 이러한 콘텐츠와 함께 커뮤니티 호텔 '후즈'를 운영하는 것을 목표로 하고 있다.

김 대표는 2021년 커뮤니티 호텔 후즈의 운영과 연계하며 수익을 창출할 수 있는 전통주 보틀샵 '술상'을 오픈하였다. 전국을 수소문하여 지역의 특색을 담은 양조장을 찾아 전통주를 납품받고 있다. 우리 술만 전문으로 판매하는 상점으로 내부에는 술상이라는 맛깔스러운 이름과 어울리게 우리 전통주가 보기 좋게 진열되어 있다. 맥주과 와인은 소비자의 기호에 맞춰 점점 다양해지고 있지만 우리 술은 그에 비해 너무 홀대받고 있다고 생각을 하던 터라 전통주 보틀샵 컨셉을 보니 반가웠다. 김대표의 '술상' 창업 배경에는 재치 있는 아이디어가 있다. 다양한 전통주와 영화타운 내 먹거리들을 주문받아 후즈의 방문객들에게 객실로 배달하는 서비스를 제공하는 것이다. 배달앱과 낯선이에게 받는 주문이 일상이 되어버린 요즘, 음식과 사람을 연결하는 지점에 주인장의 환대를 느껴볼 수 있길 기대해 본다.

현재 '후즈'의 첫 번째 프로그램인 '후즈데어'는 2020년 5월에 오픈하여 운영하다가 2022년 종료를 앞두고 있다. 럭키마케트의 2층과 3층에 위치한 '후즈넥스트'는 다양한 시도를 통해 얻은 경험으로 운영되고 있다. 공동 객실도 포함하고 있어 더욱 경제적으로 이용할 수 있으며, 가정집을 리뉴얼한 감성 공간으로 후즈데어와 또 다른 매력을 주고 있다.

메이커 문화로 지역 커뮤니티를 꿈꾸다

두 대표가 현재까지 3회째 운영하고 있는 재미있는 프로그램이 있다. DIY(Do It Yourself)의 '스스로(yourself)'가 '함께(together)'로 바뀐 버전인 DIT(Do It Together)라는 프로그램이다. 이는 액티브로컬을 제안하고 운영을 함께 했던 건축공간연구원으로부터 시작되었는데, 사람들이 직접 리모델링에 참여하며 공간을 만들어 가면 지역과 공간의 애착이 생긴다는 개념에서부터 시작되었다. 구체적으로는 일정 기간 동안 공간을 만들어 가는 시공 기술(도장, 목공 등)을 참가자들에게 가르치고, 이러한 기술을 바탕으로 한 공간을 직접 리모델링하는 것이다.

2020년 11월에는 건축공간연구원과 함께 '2020 GRAND DIT FESTA'를 주관했는데 참가자들과 함께 군산시민문화회관 옥상을 요가나 스케이트보드 연습장 등 참여형 공간으로 만들어 갔다. 여기서 후즈데어는 7일 간의 프로젝트 기간 동안 참가자들이 머무르며 지역을 알아가는 거점 공간으로 활용되었다.

조 대표는 처음 DIT 페스타를 기획했을 때 프로그램의 지속성에

모두가 메이커가 되는 DIT 페스타 ⓒ건축공간연구원

확신이 크지는 않았지만 3회를 치르며 그 가능성을 매우 높게 평가하고 있다. 참여자들이 성황리에 모집 되었고 만족도도 매우 높았다. 함께 움직이니 공간을 재미있고 빠르게 완성해 나갈 수 있어 성취도와 배움의 만족도가 높은 것이다. 조 대표는 이 프로그램을 활용하여 영화동을 메이커 문화의 거점으로 만들어 가고 싶은 꿈이 있다. 그렇기 때문에 DIT 프로젝트를 보다 장기적인 관점에서 정교하게 계획하여 지속성을 확보하려고 한다.

조 대표는 '후즈'와 영화타운을 통해 군산 여행객들이 군산을 새롭게 경험하고 다시 방문할 수 있는 지역으로 만들어 가고 싶다고 한다. 현재는 영화타운과 영화동만으로도 여행객들이 1박 2일을 체류 할 수 있는 구조가 만들어 졌다고 생각한다. 그다음은 2박 3일, 3박 4일로

DIT 페스타 ⓒ건축공간연구원

점점 더 긴 시간을 군산에 머무르고 싶도록 다양한 문화와 매력적인 콘텐츠를 만들어 나가는 것이 목표이다.

실제로 군산으로 여행을 왔던 여행객이 영화타운을 방문하고 후즈데어에 머물다 현재 조 대표가 운영하는 ㈜지방의 직원이 되어 일을 하고 있다. 그들이 만들어 나가는 삶과 문화에 매료되어 정착하는 청년들이 있다는 것은 굉장히 고무적이다. 군산이 근대라는 과거에 갇혀 있지 않고 젊은이들에게 새로운 영감과 즐거움, 터전을 마련해 줄 수 있는 지역으로 가능성을 보여주고 있다.

지역을 재생하는 숙박업의 진화

'에어비엔비(airbnb)'는 2010년대에 이르러 관광업계에 가장 뜨거운 키워드 중 하나로 떠올랐다. 이미 다양한 숙박 형태들이 있었음에도 불구하고 어떻게 주목받을 수 있었을지 생각해보면 시대의 흐름에 따라 발맞춰가는 진화형태로 볼 수 있다. 시간이 흘러 세대가 변하면서 현재의 밀레니얼 세대[15]는 가치 중심, 경험 중심의 소비문화가 중점이 되고 있는데, 단순히 물품을 소비하기 보다는 소비를 통해 본인의 생각을 표현할 수 있거나, 경험을 통해 남는 무언가를 소비한다. 따라서 '여행은 살아보는 거야.'라는 에어비앤비의 캐치프레이즈는 이러한 시대반영을 했다고 볼 수 있다.

그렇다면 우리가 지금 마을호텔을 바라봐야 할 이유는 무엇일까? 같은 맥락에서 마을호텔 역시 시대의 흐름을 반영한 숙박형태가 아닐까. 수도 서울 중심에서 벗어나 각 지역에서 자립성을 높이는 선순환 구조를 만들기 위한 각종 노력이 돋보이는 요즘, 마을호텔은 이에 대한 대안이 될 수 있을 듯하다.

기존의 숙박들은 이름 있는 식당, 관광지에 초점이 맞춰져 있다면 마을호텔은 지역민의 삶에 초점이 맞춰져 있다. 제주도에 가서 단체 관광객들이 모여 먹는 식당보다 도민 맛집을 찾게 되는 마음을 마을호텔에서는 적극적으로 은밀하게 알려준다. 이러한 점에 있어 숙박객들은 특별함을 느끼게 되고, 지역 소상공인들은 더 많고 다양한 고객들로 수익 창출을 할 수 있다. 또 주민들에게 때로는 지루하고 평범해 보였던 일상들에 숙박객들이 찾아옴으로 인해 좀 더 특별함을 갖게 되는 계기가 될지도 모르겠다. 이렇게 마을호텔을 통해 불어오는 소소한 활기들이 모여 지역에 새로운 바람, 새로운 재생 방안이 되지 않을까 생각된다.

군산 영화타운의 문지기 '후즈'

군산 영화타운을 만들기까지 공공과 민간의 다분한 노력이 있었고, 지금까지도 이러한 노력이 헛되지 않도록 다방면에서 노력이 이루어지고 있다. 어쩌면 커뮤니티 호텔 후즈의 탄생은 지금의 영화동을 유지하려는 수많은 노력 중에 하나로, 그 중심에 있다고 생각된다.

많은 일들이 그렇겠지만 결국 커뮤니티 호텔은 운영자의 철학과 비전호텔의 색깔과 차별점을 만들어가고 있는 것 같다. 운영자들이 지역을 어떻게 바라보고 어떤 변화의 꿈을 가지고 있는가가 호텔 운영에 중요한 나침판이 되고 있다. 후즈의 이용객들의 후기를 읽어보면 상당 부분이 깨끗한 객실관리에 높은 만족도를 느끼고 있었다. 김수진 대표는 숙박이라는 업종에서 기본이 되지만 매우 중요한 원칙을 깨닫게 되었다고 한다. 아무리 맛이 있고 친절한 음식점이어도 비위생적이면 두 번 다시 찾지 않는 것처럼 숙박업에 있어서도 크게 다르지 않다. 청결하고 위생적인 관리를 바탕으로 이곳에서만 느낄 수 있는 차별점을 만들어 나가고 싶다고 했다.

현재 지방의 지역경제는 내수경제라고 하기엔 아직 부족하다. 군산의 생산 인구는 물론 전체 인구도 감소하고 있어, 외부 인구 유입이 절실한 상황 속에서 후즈(Who's)의 문지기 역할이 매우 중요한 시점이

후즈데어 내부공간 ⓒ김유선

후즈넥스트 내부공간 ⓒ김수진

다. 비록 감염병 유행으로 인해 방문객이 증가하고 있진 않지만, 호텔 후즈는 과감히 메세지를 던지고 있다. Who's There? 누군가 군산 밖에 있는지. 그리고 이제는 Who's Next? 군산에 머물고 살아갈 다음 이들에게 군산의 라이프스타일을 제안하고 있다.

이들이 함께 바라는 미래는 멀리 있지 않다. 지속적으로 좋은 프로그램을 만들고 외부에 알리며 의미를 전달한다면 더 많은 사람들의 발길을 끌게 될 것이다. 그리고 군산의 매력을 느낀 사람들이 정착을 결정하고, 군산을 마음에 품고 살아가는 사람들이 삶터에서 많아진다면 지속가능한 터전이 될 수 있을 것이다.

Note

01 김영정 외(2006). 「근대항구도시 군산의 형성과 변화」, 한울아카데미

02 고용위기지역은 기업의 대규모 도산 또는 구조조정 등으로 고용안정에 중대한 문제가 발생한 지역을 지원하는 제도다. 지방자치단체 신청을 받아 고용부가 지정한다. 고용위기지역으로 지정되면 지역고용안정지원금 등 일자리 관련 사업비를 다른 지역보다 우선해 지원받을 수 있다.

03 산업위기대응특별지역은 특정 산업에 대한 의존도가 높아 해당 산업이 위기를 겪으면 대규모 실직 등이 발생할 우려가 있는 지역이다. 「국가균형발전 특별법」에 따라 지정하며, 해당 지역은 재취업 및 창업 지원, 고용 안정 지원 등을 받을 수 있다.

04 매일경제(2019.03.31.).“청년상인 키우자” 정부 나섰지만…2년 만에 절반이상 ‘눈물의 폐업’

05 (전)건축도시공간연구소

06 야모리(家守)회사란, 일종의 에어리어 매니지먼트(Area Management)회사로 유휴부동산 활용으로 지역이 원하는 일자리를 만들어 고용을 창출하고, 다양한 도시형 산업의 내용을 취합하여 재창조하고, 지속시키는 산업을 육성하며, 일을 담당하는 사람들이 지역에 사무공간과 거주공간을 마련하여 지역이 활성화되도록 지원하는 것(출처:윤주선,2016,도시재생사업 청년층 참여활성화 및 일자리 창출 지원방안)

07 지역에 대한 고민을 건축으로서 해결하고자 다양한 서비스를 제공(blankin.net)

08 로컬크리에이터를 위한 코리빙&코워킹 공간제공(localstitch.kr)

09 지역밀착 디벨로퍼로, 지역개발 및 경영관리 등의 서비스 제공(urbanhybrid.co.kr)

10 윤주선(2016), 도시재생사업 청년층 참여 활성화 및 일자리 창출 지원방안 재정리

11 수수료 모델 : 전대의 수익모델은 임차인으로부터 수익 일부분(%)을 받음

12 객의 요구에 맞추어 상담을 하거나 잔심부름 따위를 처리하여 주는 서비스

13 EM(Effective Microorganisms): 광합성세균, 유산균, 효모균을 주균으로 하여 인간과 환경에 유익한 미생물을 조합하고 배양한 미생물복합체를 말함

14 계약에 따라 상대편의 상표를 붙인 부품이나 완제품을 제조하여 공급하는, 일종의 하청부 생산

15 밀레니얼 세대(millennia): 1980년대 초부터 2000년대 초 사이에 출생한 세대를 일컫음

Reference

01 김영정 외(2006), 「근대항구도시 군산의 형성과 변화」, 한울아카데미

02 로컬라이즈 군산 공식 블로그 (https://blog.naver.com/localrise1234)

03 로컬라이즈 군산 공식 홈페이지 (http://localrise.co.kr/)

04 매일경제(2019.03.31.), “청년상인 키우자” 정부 나섰지만…2년 만에 절반이상 ‘눈물의 폐업’, https://www.mk.co.kr/news/society/view/2019/03/194647/

05 에어비앤비 광고(2017.04.18.), https://www.youtube.com/watch?v=Km7bUC8uVu0

06 이승민(2015), “유휴부동산 활용을 통한 도시재생사업:일본의 리노베이션 마을만들기 현황과 시사점”, 국토연구원 세계도시정보(UBIN), (http://ubin.krihs.re.kr/ubin/wurban/world_city_instance_view.php?no=1518&thema=all&dev_2=&start=50)

07 윤주선, 박성남(2016), “도시재생사업 청년층 참여 활성화 및 일자리 창출 지원방안”, 건축도시공간연구원

08 윤주선, 이혜원(2018), “도시재생 액셀러레이터를 통한 빈 점포 재생방안: 액티브로컬”, 『auri brief』, no.186
09 황경수(2020), 「로컬소비는 어떻게 상권을 살리고 일자리를 창출했을까?」, 안과밖
10 홍희숙(2019), “한국과 일본의 리노베이션 스쿨 비교분석에 관한 연구”, 광주대학교 대학원 석사학위 논문

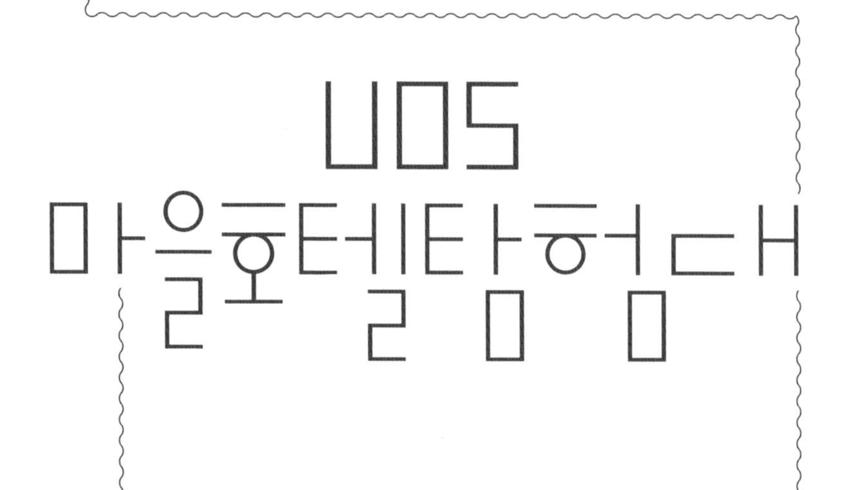

정석 김동민 김민재 김애림
김유선 김지영 김희수
배주은 이동윤 이이주
정지훈 조현호

서울시립대학교에서 도시공학을 전공하는 대학원생을 중심으로 구성된 젊은 도시연구팀으로 '주민참여 도시설계' 강좌가 인연이 되어 연구와 발표를 이어가고 있다. 저성장시대 주민이 직접 참여하고 주도하여 오래된 건물과 장소를 천천히 되살리는 '삶터 재생'의 흐름을 살펴보고, 다양한 이론과 사례를 연구하고 있다. 몇 해 전부터 삶터 재생의 한 유형으로 최근 주목받고 있는 '마을호텔'을 직접 취재·조사하면서 생생한 현장을 기록해 왔다. 앞으로도 도시와 지역의 삶과 삶터를 되살리는 폭 넓은 연구와 활동을 계속해 나갈 계획이다.

UOS 마을호텔탐험대 답사 사진. 공주 봉황재 팀과 함께

마을에 살다 마음을 잇다

마을호텔 건립분투기

초판 1쇄 찍음 2022년 1월 25일
펴냄 2022년 1월 31일

지음 정석 + UOS 마을호텔탐험대
편집 박지현
제작 픽셀커뮤니케이션
용지 이지포스트

펴낸이 이정해
펴낸곳 픽셀하우스
등록 2006년 1월 20일 제319-2006-1호
주소 서울시 강남구 논현로 26길 42, B1 studio
전화 02 825 3633
팩스 02 2179 9911
웹사이트 www.pixelhouse.co.kr
이메일 pixelhouse@naver.com

ISBN 978-89-98940-19-5 (03910)
정가 13,000원

*이 도서는 한국출판문화산업진흥원의 '2021년 출판콘텐츠 창작 지원 사업'의 일환으로
국민체육진흥기금을 지원받아 제작되었습니다.